Farben – Charakter – Schicksal

Bernd A. Mertz

Farben
Charakter
Schicksal

FALKEN
TaschenBuch

Zum Themenbereich Esoterik sind im FALKEN TaschenBuch bereits unter anderem erschienen:
„Die 12 Sternzeichen" (Nr. 60032)
„Besser leben nach dem Mondlauf" (Nr. 60063)
„Traumdeutung" (Nr. 60045)
„Partnerschaftshoroskop" (Nr. 60047)

Umweltfreundliches Papier, hergestellt aus chlorfrei gebleichtem Zellstoff.

Die Deutsche Bibliothek – CIP-Einheitsaufnahme

Mertz, Bernd A.:
Farben – Charakter – Schicksal / Bernd A. Mertz. – Orig.-Ausg. –
Niedernhausen/Ts. : FALKEN TaschenBuch Verl., 1995
  (FALKEN TaschenBuch)
  ISBN 3-635-60078-4

Originalausgabe
November 1995
ISBN 3 635 60078 4

© 1995 by Falken-Verlag GmbH, 65527 Niedernhausen/Ts.

Umschlaggestaltung und Titelbild: Zembsch' Werkstatt, München
Layout: David Barclay, Neu-Anspach
Redaktion: Chistiane Rückel, Annette Ehrke
Herstellung: Michael Greiss
Zeichnungen: Ute Dreyspring, Oberjosbach
Satz: Raasch & Partner GmbH, Neu-Isenburg
Druck: Paderborner Druck Centrum

817 2635 4453 6271

Inhalt

Warum dieses Buch?

Deine Farbe – Dein Schicksal!

Das Leben mit Farben bestimmt unser Verhalten, daher waren Farben immer auch lebensentscheidend.

Jede Farbe birgt in sich eine Aussage, eine Mitteilung, eine Nachricht für uns. In der Natur ist dies ganz deutlich. Wir erkennen anhand der Farben sofort, welche Jahreszeit wir haben oder in welcher Landschaft wir uns befinden.

Auch die Farben der Kleidung signalisieren uns, ob Menschen feiern oder arbeiten, und wenn sie arbeiten, in welchem Beruf sie arbeiten. Dabei haben sich die Menschen immer ihrer Landschaft und ihrem Milieu angepaßt. Wer mit dem Meer lebt, der trägt überwiegend blaue Arbeitskleidung, wer im Wald sein Tagewerk verrichtet, der zieht meist Kleidung aus grünem Stoff an. Bekannt ist die Safarikleidung in der Farbe der afrikanischen Wüste. Das Personal der Luftfahrtgesellschaften wiederum trägt überwiegend blaue Uniformen.

Der Volksmund weiß, daß die Farbe der Liebe „Rot", die Farbe der Treue „Blau" und die Farbe des Neides „Gelb" ist, während „Grün" für die Hoffnung steht. Niemand wundert sich, daß Violett bei Kirchenfürsten eine bedeutende Rolle spielt, da – nicht ohne Grund – vom „Kardinalrot" gesprochen wird. Wer sich ein „rotes" Auto zulegt, gilt als aggressiver Autofahrer, bei der Feuerwehr hingegen erscheint uns diese Farbe als notwendig. Gartenhelfer, die in roter Kleidung zur Arbeit anrücken würden, wären sicher zweifelnden Blicken ausgesetzt.

Früher wußte man, daß die für die Privatkleidung ausgewählten Farben auf den Charakter eines Menschen schließen lassen. Heute gilt das durch das herrschende Modediktat meist nicht mehr.

Johann Wolfgang von Goethe schrieb zu diesem Thema: „Man bezieht bei Kleidungen den Charakter der Farbe auf den Charakter der Person. So kann man das Verhältnis der einzelnen Farben und Zusammenstellungen zu Gesichtsfarbe, Alter und Stand beobachten."

Dies mag man als zu oberflächlich gesehen ablehnen, aber schon immer schloß man schnell vom Äußeren auf das Innere.

Dann gibt es die archetyptischen Farben, die ein tief verwurzeltes Erbe im Menschen anzeigen. Dazu gehört etwa die Bevorzugung von Blondinen oder manche Abwehr gegen „rothaarige" Menschen.

Wir **denken** in Farben, wir **fühlen** auch in Farben, wir **handeln** sogar nach Farben, und wir **sehnen** uns nach Farben, weil eine farblose Welt als „triste" Welt gilt.

Farben können zur Heilung beitragen, und wer seiner Lieblingsfarbe folgt, ist sicher auf dem richtigen Weg. Jeder sollte auch seine Angstfarbe kennen, da auch sie das Leben verunsichern kann.

In diesem Buch soll uns aber weder die Geschichte der Farben noch ihre Herkunft interessieren, sondern allein die Wirkung der äußeren und besonders der inneren Farben auf uns beschäftigen.

Die Frage ist: Können wir mit Farbenkenntnissen bewußter und klüger leben? Die Antwort ist ja. Wir können Stärken und Schwächen anderer besser erkennen, weil wir das Emotionale und das Seelische in uns und in anderen klarer sehen. Diese Erkenntnisse sind im praktischen Leben dann leicht umzusetzen.

Bei Partner- und Geschäftsbeziehungen wirken Farben im Hintergrund mit. Ein Test konnte dies bestätigen: Die Angestellten einer Bank kleideten sich für den Publikumsverkehr ganz bewußt sehr verschieden an: Da waren die Soliden, die die Farben Blau und Grau trugen und die Farbenfrohen, die neben ihnen wie lustige Papageien wirkten. Aber über neunzig Prozent der Bankkunden gingen zu den traditionell gekleideten Bankangestellten. Die weniger aufdringlichen Farben schufen Vertrauen.

Es heißt auch voller Vorurteile:

„Der sieht immer nur schwarz!"

„Der sieht sofort rot und vergißt sich."

„Dieser goldige Mensch, da wird einem richtig warm ums Herz."

Wer sich folglich mit Farben beschäftigt, der beschäftigt sich mit Menschen und dies wird von Vorteil sein.

Folgen Sie also unserem Weg der Farben. Denn wer sie als psychologische Wegweiser benutzt, der findet seinen Weg leichter, den Weg zu sich und den Weg zu anderen. Wer die Farben versteht, der wird auch andere Menschen besser verstehen und vielleicht sogar beraten können.

Wer kennt nicht die sprachliche Redewendung, daß „man Farbe bekennen muß." Also, man soll: sich selbst sein, zu seinen Fehlern und Irrtümern stehen und sich charakterlich anständig zeigen.

Über Farben, das ist unser Thema, kann man Charakterveranlagungen erkennen, die Stimmungen und Launen eines Menschen und auch seine

Emotionen. Dazu nur ein Beispiel: Wenn man morgens im November nach drei Wochen Nebel erneut in den düsteren Himmel blickt, dann möchte man möglichst gar nicht aus dem Bett kriechen. Ein Frühlingsmorgen dagegen ermuntert! Wenn die Sonne strahlt, weckt sie bei den meisten Aktivität und Lebensfreude. Viele von uns sind in ihrer Grundstimmung sehr vom Wetter abhängig. Andere wiederum läßt das Wetter völlig gleichgültig, sie vertrauen ihrer inneren Sonne. Beide Verhaltensweisen lassen auf den Grundcharakter eines Menschen schließen.

Der Anblick einer Blume oder der eines Blütenmeeres trägt bei den meisten zu einer optimistischen Stimmung bei. Andere wiederum freuen sich über regnerisches Wetter. Nun können sie mit gutem Gewissen auf ihren Spaziergang verzichten und weiter an der Schreibmaschine oder im Hobbyraum hocken. Es soll sogar Leute geben, die sich im Frühling nach den Nebeltagen des Novembers sehnen. Das sind sicher Ausnahmen, aber ein Grund mehr, warum Psychologen Farbstimmungen in ihre Therapie einbauen. So meinen sie etwa, daß die Farbe Rot selbstbewußt, Schwarz dagegen depressiv macht. Dies ist aber nur zum Teil richtig.

Maler wußten stets, daß Farben den Charakter unterstreichen. Denker wurden meist in schlichtem Grau dargestellt, Kirchenfürsten oder machtvolle Personen dagegen in pompösem Purpur.

Farben sind wertvolle Orientierungshilfen. Nicht nur, um den Zugang zu einem Charakter zu finden! Auch die Wahrnehmung unserer Umwelt wird durch Farben bestimmt. Aus diesem Grund werden heute zum Beispiel die U-Bahnstationen bunt und verschiedenartig gestaltet. Und viele Fahrgäste richten sich, wenn sie aussteigen wollen, nach den Farben und nicht nach den Namen der U-Bahn-Stationen.

Die ersten Farbeindrücke empfingen die Menschen wohl von den Himmelsfarben, wobei das Blau eher als selbstverständlich angesehen wurde. Aber diese Farben prägten sich dem Gemüt ein, weil sie, etwa beim Sonnenuntergang, Angst, aber, beim Sonnenaufgang, auch wieder Hoffnung auslösten. So wurden die Farben *Rot – Orange – Purpur – Blau* zu den magischen Farben. Königsblau und Purpur erlangten jedoch erst später Bedeutung, weil sie vor der Entdeckung der synthetischen Farbgewinnung nur den Mächtigen vorbehalten waren. Dadurch aber wurden sie dann als Führungsfarben oder auch als durchgeistigte Farben angesehen.

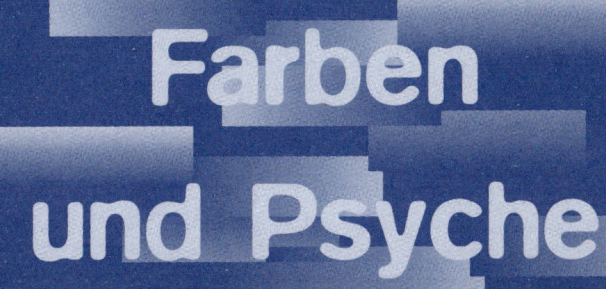

Farben
und Psyche

Zu Beginn

... ein Test Das erste, was wir lernen müssen, ist in Farben zu denken und zu fühlen. Am Anfang mag dies noch etwas schwer erscheinen, aber alle Seminarteilnehmer haben gezeigt, wie schnell dies eingeübt werden kann.

Hinter jedem Gedanken, hinter jedem Impuls, hinter jeder Emotion steht eine Farbe. Auf diese Farbe soll so schnell reagiert werden, wie etwa der Autofahrer auf einen Farbwechsel der Ampel reagiert. Da es nun eine Unmenge von Farben gibt, muß man sich beschränken. Wir haben daher folgende zweiundzwanzig Farben ausgewählt:

Schwarz	Weiß	Grau	Silber
Gelb	Gold	Hellrot	Orange
Dunkelrot	Violett	Purpur	
Hellgrün	Tannengrün	Türkis	Smaragd
Blau	Indigo		
Braun	Bronze	Beige	Sand
Safari			

Auf diese zweiundzwanzig Farben wollen wir uns konzentrieren. Die erste Farbe, die gewählt wird, betrifft die eigene Person:
Erste Frage: Welche Farbe bin ich ...?

Dann wird nach der Farbe gefragt, mit der ich auftrete (gemeint ist damit, wie ich von der Umwelt wahrgenommen werde):
Zweite Frage: Mit welcher Farbe trete ich auf ...?

Es ist nun einmal so, daß man sich aus einem gewissen Schutzbedürfnis heraus eine Rolle zugelegt hat, um leichter durchs Leben zu kommen. Manche Menschen, die eigentlich still und scheu sind, treten nach außen laut und selbstbewußt auf. Andere, innerlich mit viel Temperament ausgestattet, geben sich betont sachlich und ruhig, um sich ja nicht von ihren Emotionen hinreißen zu lassen. Beispiele dieser Art erlebt jeder von uns täglich. Wir haben bis jetzt gewählt:

....

Farbe, die ich bin   **Farbe, in der ich auftrete**

Als dritte Farbe ist die Farbe zu wählen, die unser Lebensziel symbolisiert:
Dritte Frage: Welche Farbe symbolisiert mein Lebensziel ...?

Diese Farbe sollte nicht zu schnell ausgesucht werden. Sie ist nur in den seltensten Fällen mit der Lieblingsfarbe identisch! Sicher gibt es auch verschiedene Lebensziele, aber jeder sollte sich auf ein Ziel konzentrieren.
Das Lebensziel „erfüllte Liebe" wird sicher durch die Farbe Rot symbolisiert, der „Erfolg im Beruf" durch Braun, das „geistige Streben" durch Indigoblau. Wer sich Macht wünscht, dürfte Gold wählen, und wer sich mehr als „einflußreicher Adjutant" sieht, könnte die Farbe Silber bevorzugen. Wer eins mit der Natur sein möchte, der dürfte sich in der Regel für das Grün entscheiden.

....
Farbe, die ich bin   Farbe, mit der ich   Farbe meines
                             auftrete   Lebenszieles

Erstes Beispiel

Eine ehemalige Tänzerin, die innerlich von ihrem alten Beruf, den sie wegen Rückenbeschwerden vorzeitig aufgeben mußte, nicht loskam, interessierte sich für die Farbpsychologie. Sie nahm an diesem Test teil und wählte die Farben:

| Orange | Braun | Violett |

Beurteilung

Sie spürt in sich noch immer eine starke Vitalität, Feuer und Gestaltungskraft. Diese dringen aber kaum nach außen, da sie sich meistens recht nüchtern und sachlich gibt. Vielleicht, um nicht anzuecken oder gar als schwierig zu erscheinen. Die Farbe ihres Lebenszieles (violett) aber symbolisiert das hohe Streben einer durchgeistigten Leidenschaft. Sie will etwas anvisieren, das ihr die Möglichkeit gibt, zu führen und zu gestalten. Die Tänzerin konnte diese Beschreibung sofort annehmen.

Zweites Beispiel

Ein junger Handwerker, der sich zum Informatiker umschulen lassen wollte, wählte folgende Farben:

Silber	Bronze	Gold

Beurteilung

Das waren drei „glänzende" Farben. Im übertragenen Sinne bedeutet dies: dieser junge Mann ist sehr ehrgeizig. Er weiß aber auch, daß er noch viel arbeiten muß, um tatsächlich an die Spitze (Gold) zu gelangen. Solange nimmt er sich etwas zurück, ohne sein Licht (Bronze) unter den Scheffel zu stellen. Das zeigt eine starke und konsequente Haltung. Sie ist sogar von einer gewissen Klugheit, nämlich einer lediglich gespielten Bescheidenheit, geprägt. Inzwischen hat der junge Mann, was auch zu erwarten war, für seine Verhältnisse eine große Karriere gemacht.

Goethes *Farbenlehre*

Goethes Farbenlehre ist legendär. Sicherlich auch weil sie die *erste umfassende Farbenlehre* überhaupt darstellt. Goethe selbst betrachtete sein Werk „Die Farbenlehre" als sein wichtigstes Schaffen. Wir lesen bei ihm wörtlich: „Auf alles, was ich als Poet geleistet habe, bilde ich mir gar nichts ein. Es haben treffliche Dichter mit mir gelebt, es lebten noch trefflichere vor mir, und es werden ihrer nach mir sein. Daß ich aber in meinem Jahrhundert in der schwierigen Wissenschaft der Farbenlehre der einzige bin, der das Rechte weiß, darauf tue ich mir etwas zugute, und ich habe daher ein Bewußtsein der Superiorität über viele."

Nun, Farbwissenschaftler von heute stimmen dieser Meinung nicht mehr vorbehaltlos zu, manche halten diese Äußerungen sogar für überheblich. Tatsächlich konnten sich viele Thesen und Vermutungen Goethes nicht halten. Man neigt zu der Ansicht, Goethes Selbstbelobigung rühre wohl daher, weil er viel Fleiß und Mühe auf seine Farbenlehre verwenden mußte, während ihm die Verse der Dichtung zuflogen.

Trotzdem überwiegt die Meinung, daß Goethes Beitrag zur „sinnlich-sittlichen Wirkung der Farbe" bis auf den heutigen Tag von großer Bedeutung ist und als Ursprung der Farbpsychologie betrachtet werden muß. Dies ist auch der Grund für unsere kurze Beschäftigung mit der Farbenlehre des deutschen Genies.

Doch vorher eine kleine Rückblende

Theophrastos von Lesbos (372–287 v. Chr.), der Vater der wissenschaftlichen Botanik, sprach von den *einfachen Farben*. Dazu zählte er **Weiß, Gelb** und **Schwarz.** Die Farben Weiß und Schwarz wurden lange Zeit nicht als Farben gesehen, obwohl beide für Mischungen benutzt wurden. Platon (427–347 v. Chr.) schrieb: „Aus Weiß und Gelb entsteht das blasse Gelb, und wenn das Glänzende (gemeint war das Sonnengelb) mit dem Weißen zusammentrifft und auf reines Schwarz trifft, dann wird die blaue Farbe vollendet. So macht auch Blau und Weiß das Hellblau, und Braunrot und Schwarz schafft die Lauchfarbe. Mischt man Weiß mit Schwarz, dann ergibt dies das Graue, Rot mit Schwarz ergibt das Purpur."

Zahlreiche Wissenschaftler vor Goethe gingen bei den Farbbetrachtungen von den *vier Grundfarben* Rot, Gelb, Blau und Grün aus. Diese Farben beziehen sich auf Aristoteles' (384–322 v. Chr.) Lehre von den Elementen:

Rot begleitet das *Feuerelement,* **Grün** das *Erdelement,* **Gelb** das *Luft-element* und **Blau** das *Wasserelement.*

Dies sind auch heute noch die vier wichtigsten astrologischen Farben. Sie symbolisieren in den Horoskopen die vier Elemente des Tierkreises. Sie haben aber nichts mit den Planetenfarben zu tun. Neben den einfachen Farben (Theophrastos) und den Grundfarben (Aristoteles) sprachen die Griechen noch von den *„künstlichen Farben",* womit Farbmischungen gemeint waren.

Auch Goethe ging von den vier Grundfarben aus. Jedoch mit einem Unterschied. Für ihn waren Licht und Farben Naturphänomene, die sich nicht trennen ließen. Für ihn gehörten Weiß und Licht so zusammen wie Schwarz und Finsternis. Im Sinne Goethes können wir dann also sechs *Grundfarben* nennen. Die Reihenfolge von der Finsternis zum Licht wäre: *Schwarz – Blau – Rot – Grün – Gelb – Weiß.* Umgekehrt ergibt dies die Spannung vom Licht zur Finsternis. Hier fehlt noch die wichtige Farbe Braun, die aber als Mischfarbe bezeichnet wird.

Uns geht es in diesem Buch nicht um wissenschaftliche, sondern um rein psychologische Betrachtungen. Dazu zitieren wir einige Farbbeschreibungen Goethes, wie er sie in dem Abschnitt „Sinnlich-sittliche Wirkung der Farbe" beschrieben hat. Um schnell die Quintessenz herauszuarbeiten, wurde nicht alles wörtlich zitiert.

Gelb

„Es ist die nächste Farbe am Licht. Sie entsteht durch die gelinderte Mäßigung desselben, es sei durch trübe Mittel oder durch schwache Zurückwerfung von weißen Flächen.(...) Sie (die Farbe Gelb) führt in ihrer höchsten Reinheit immer die Natur des Hellen mit sich und besitzt eine heitere, muntere und sanft reizende Eigenschaft. In diesem Grad ist sie als Kleid, Vorhang, Tapete angenehm. (...) Wenn die gelbe Farbe unreinen und unedlen Oberflächen mitgeteilt wird, wie dem gemeinen Tuch, dem Filz und dergleichen, worauf sie nicht mit ganzer Energie erscheint, entsteht eine unangenehme Wirkung. Durch eine geringe und unmerkliche Bewegung wird der schöne Eindruck des Feuers und des Goldes in der Empfindung ins Kotige verwandelt, und die Farbe der Ehre und Wonne zur Farbe der Schande, des Abscheus und des Mißbehagens umgekehrt."

Gold

„Das Gold in seinem ganz ungemischten Zustande gibt uns, besonders wenn der Glanz hinzukommt, einen neuen und hohen Begriff von dieser Farbe, so wie ein starkes Gold, wenn es auf glänzender Seide, zum Beispiel auf Atlas erscheint, eine prächtige und edle Wirkung tut. (...) Das Auge wird erfreut, das Herz ausgedehnt, das Gemüt erheitert; eine unmittelbare Wärme scheint uns anzuwehen."

Immer wieder wird im Zeitalter des Farbfernsehens gefragt, warum die überwiegende Zahl der Fernsehansagerinnen ihre Haare in leuchtendem Gelbblond tragen. Nun, das ist ein Beispiel für den Zwang der Farbwirkung. Sehr viele der blonden Schirmschönheiten sind von Natur aus dunkel- oder braunhaarig. Aber „Blondinen werden bevorzugt!". Aus diesem Grund lassen sich Ansagerinnen oder Moderatorinnen die Haare in allen Blondtönen färben.

Psychologen erklären dieses Phänomen damit, daß alles Helle, also auch das Gelbe und Blonde, lebensfreudig wirkt, zumal das Gelbe mit der Sonne assoziiert wird. Das Dunkle dagegen erscheint eher bedrohlich und negativ. Diese Wirkung – und es handelt sich hier um eine sehr eindrucksvolle Wirkung – überträgt sich auf die Fernsehzuschauer. Blond repräsentiert, zumindest in der abendländisch-westlichen Welt, das klassische Bild der schönen (sonnigen) Frau. Und dies, obwohl diese Farbe in keinem Fall einen guten Menschen oder gar einen klaren Charakter repräsentieren muß. Blond ist oft sogar nichts anderes als eine Tarnung, man könnte sagen, ein Betrug an den Konsumenten.

Rotgelb

Goethe: „Das Rotgelbe gibt eigentlich dem Auge das Gefühl von Wärme und Wonne, indem es die Farbe der höheren Glut sowie den mildern Abglanz der untergehenden Sonne repräsentiert."

Nach mythischer Überzeugung trat die Sonne abends im Westen ihre tägliche Reise in die Finsternis an, um sich dort Kraft für das Wiederaufsteigen und Strahlen am nächsten Tag zu holen. Diese Überzeugung war ein entscheidender Grund, warum die Finsternis ihren großen Schrecken verlor, wenn auch die Angst vor der Finsternis nie ganz verschwunden ist. Man sehnt sich im Dunklen immer nach dem Licht. Dazu Goethe: „Deswegen ist sie (die rotgelbe Farbe) auch bei Umgebungen angenehm, in mehr oder minderem Grad erfreulich und herrlich."

Ein kleiner Schuß Rot gibt (übrigens bei jeder Farbe) Kraft, Energie und mehr Intensität und vermittelt den Eindruck von Aktivität. So wirkt das ins Rot gesteigerte Gelb anspornend und spiegelt eine eher positive Kraft wider. Nun kann aber zuviel Rot auch Gegenwehr auslösen.

Nach Goethe: „Die aktive Seite ist hier in ihrer höchsten Energie, und es ist kein Wunder, das energische, rohe Menschen sich besonders an dieser Farbe erfreuen."

Starke Aktivität wird also erst einmal den rohen, meist auch ungehobelten Menschen zugeschrieben, die gesund sind, aber eine gewisse Wildheit nicht verleugnen können. Diese Liebe zur roten Farbe hat man – nach Goethe – bei wilden Völkern durchaus bemerkt. Wenn man „eine vollkommene gelbrote Fläche starr anschaut, scheint sich die Farbe (Anmerkung: und wohl ihre Energie) wirklich ins Organ zu bohren". „Die Erscheinung eines gelbroten Tuches beunruhigt und erzürnt die Tiere. Auch habe ich gebildete Menschen gekannt, denen es unerträglich fiel, wenn ihnen an einem sonst grauen Tag jemand in Scharlachrot begegnete."

Goethe legte also großen Wert auf die Feststellung, daß von Farben eine echte Wirkung ausgeht, daß aber jede noch so positive Wirkung durch ein kleines Zuviel ins Gegenteil umschlagen kann.

Blau

Von den Grundfarben ist Blau, nach dem Schwarz, die zweitdunkelste Farbe. Auch die Farbe Blau kann, wie die Farbe Gelb, durch das Rot aktiviert werden, wobei zwischen dem Rotblau und dem Blaurot unterschieden wird. So wie nun Gelb immer Licht mit sich führt, so ist bei Blau immer etwas Dunkles mit im Spiel.

Goethe: „Diese Farbe macht für das Auge eine sonderbare und fast unaussprechliche Wirkung. Sie ist als Farbe eine Energie. (...) Es ist etwas Widersprechendes von Reiz und Ruhe im Anblick."

Werden nun die Farben Blau, Rot und Gelb miteinander verglichen, strahlt die Farbe Blau mehr Ruhe aus als etwa das grelle Gelb oder das knallige Rot. Blau jagt keine Ängste ein, es weist mehr auf das Zivilisierte als auf das

Wilde hin. Immerhin ist Blau die Farbe des Himmels, und zu diesem Himmel, der wolkenlos sein muß, schaut man gerne auf, weil er Geborgenheit vermittelt.

Doch auch das Blau kann umschlagen. So lesen wir bei Goethe: „Das Blau gibt uns ein Gefühl von Kälte."

Das stimmt, wir brauchen nur an die Pole der Erde zu denken: die Eisberge strahlen sehr häufig einen bläulichen Schimmer aus.

Andererseits gibt uns aber gerade die Farbe Blau das Gefühl von Weite. Blaue Tapeten lassen ein Zimmer einerseits zwar großräumig erscheinen, andererseits – so Goethe – wirkt es dann „eigentlich kalt und leer". Das alles trägt zu einer gewissen Distanz bei. Aber Distanz kann oft auch ein tiefes Vertrauen erzeugen. Das Blau zwingt nicht, wie das etwas Gewaltsame der roten Farbe, zur Einsicht. Blau betet man ohne Unterwerfung an. Blaugekleidete Menschen haben eher die Wirkung von „Dame und Herr". Ihnen „haut" man weniger kumpelhaft auf die Schulter als Personen, die grell angezogen sind. Blau führt zu einem Abstand.

Rot

Von dieser Farbe wurde schon viel gesprochen. Von ihrer Wildheit und von ihrer ausstrahlenden Energie. Reines Rot, also ohne Blau- oder Gelbzusatz, ist in der Praxis schwer zu finden, da Gelb und Blau immer zum Rot streben. Goethe meinte, daß die Vollkommenheit des Rots nur – auf einer weißen Porzellanschale – im „aufgetrockneten Karmin" zu finden sei. Weiter führte er aus: „Die Wirkung dieser Farbe (Karmin) ist so einzig wie ihre Natur. Sie gibt einen Eindruck sowohl von Ernst und Würde als von Huld und Anmut."

Grün

Wenn wir die beiden ersten Grundfarben mischen, so entsteht die Farbe, die wir Grün nennen. Dazu der Schöpfer der Farbenlehre: „ (...) wenn sich Gelb und Blau in der Mischung genau das Gleichgewicht halten, daß dann keine vor der anderen bemerkbar ist, so ruht das Auge und das Gemüt auf diesem Gemischten wie auf einem Einfachen. Deswegen wird für Zimmer, in denen man sich immer befindet, meist die grüne Farbe als Tapete gewählt."

Die Farben wirken – aber wie wirken sie?

Können wir heute Menschen nach ihrer farbigen Kleidung beurteilen?

Wohl kaum, denn die Farben der Bekleidung werden nun einmal von der aktuellen Mode diktiert. In den letzten Jahren ist dieses Phänomen so massiv wie noch nie geworden. Massenkonsum gilt als oberstes Gesetz. Der Wunsch der meisten Menschen, „*in*" zu sein, ist zu bestimmend. Oft wird die entsprechende Arbeitskleidung auch von großen Firmen vorgeschrieben und läßt selten Spielraum für individuelle Farbwünsche.

Ein Beispiel dafür ist das einst seltene königliche Blau. Inzwischen ist es zur Massenfarbe geworden; das fängt bei den Bluejeans an und hört bei der Monteur- oder Arbeitskleidung auf. Hinter dem Blau verbirgt sich heute kaum ein „Vornehmer" mehr.

Selbst bei der innenarchitektonischen Gestaltung eines Hauses oder einer Wohnung können individuelle Wünsche nur noch selten verwirklicht werden, weil die Farbe zu diesem Zeitpunkt nicht modern ist, nicht zu den Möbelbezügen paßt, die wiederum der Mode unterworfen sind. Es ist also schwer, sich über die äußerlich wirkenden Farben ein Bild von den Menschen zu machen.

Wir müssen also andere Wege gehen. Wege, die uns zum Beispiel die Psychologie gewiesen hat. So werden uns, wie der bereits ausgeführte erste Test, noch viele und vielfach differenzierte Untersuchungen weitere Aufschlüsse vermitteln. Dabei spielt die Lieblingsfarbe ebenso eine wichtige Rolle wie die Farbe, die uns Angst einjagt, und die Farbe, die uns zu gewissen Zeiten beflügelt oder hemmt.

Erstaunlich mag sein, daß es sich hier um ein archetypisches Erbe handelt, das seine festen Wurzeln in unserer Seele hat. Um dies zu bestätigen, schlagen wir einmal in zum Teil sehr alten Büchern nach.

Alte Bücher haben recht

Die Farbsymbolik der Bibel

Es gibt unendlich viele Farbzitate in der Bibel, die bestätigen, daß Farben zu jeder Zeit eine besondere Rolle gespielt haben. Hier soll nur eine kleine Auswahl aufgeführt werden. Häufig zitiert werden zum Beispiel die Farben *Purpur, Gold, Weiß, Schwarz* und *Grün*.

Purpur

„Wären Eure Sünden auch rot wie Scharlach, sie sollen weiß werden wie Schnee. Wären sie rot wie Purpur, sie sollen weiß werden wie Wolle." (Jes 1,18)

„Ein anderes Zeichen erschien am Himmel: Ein Drache groß und feuerrot." (Offb. 12,3)

„Stellt er (der Priester) dabei fest, daß sich an den Mauern des Hauses grünlich-gelbe oder rötliche Vertiefungen zeigen (...) so soll der Priester (...) den Eingang für sieben Tage abschließen." (Lev 14,37)

„Die einst auf Purpur lagen, wälzen sich jetzt im Unrat." (Klagelieder 4,5)

„Wer diese Schrift lesen und mir deuten kann – was er auch sei: er soll in Purpur gekleidet werden." (Dan 5,7)

Gold, Grün und Grau

Natürlich spielte die Farbe der Sonne, das Gelbgoldene, eine herausragende Rolle. Als Beispiel wollen wir hier nur an das „Goldenen Kalb" erinnern. Mit Gold schmückten die Juden ihre Altäre, und als Opfer wurde Gold gespendet, um damit „Heilige Stätten" zu errichten.

Gut, man mag sagen, hier wäre das wertvolle Metall gemeint, aber das Gold wäre ohne seine Sonnenfarbe nie zum teuersten Edelmetall geworden. Das gilt auch für das Silber. Hier war die Übereinstimmung mit der Farbe des Mondes entscheidend. Einige Zitate:

„Besser barmherzig sein, als Gold anzuhäufen." (Tob 12,8)

„Dadurch soll sich Euer Glaube bewähren, und es wird sich zeigen, daß er wertvoller ist als Gold, das im Feuer geprüft wird." (Petr 1,7)

Zur Farbe Grün, die früher besonders hohes Ansehen genoß, steht: „Alles übergebe ich Euch wie die grünen Pflanzen." (Gen 9,3)

„Er ist wie ein Baum, der am Wasser gepflanzt ist (...). Er hat nichts zu fürchten, wenn Hitze kommt; seine Blätter bleiben grün (...)." (Jer 17,8)

Auch das Grau spielt in der Bibel eine wichtige Rolle: „Du sollst vor dem grauen Haar aufstehen, das Ansehen eines Greises ehren und Deinen Gott fürchten." (Lev 19,32) und „Graues Haar ist eine prächtige Krone." (Spr 16,31).

Schwarz und Weiß

Bedeutungsvoller aber war die Farbe Schwarz, da die Farbe der Finsternis selbst das Gold der Sonne auslöschen konnte: „Die Sonne wurde schwarz wie ein Trauergewand, und der ganze Mond wurde wie Blut." (Off 6,12), „Die Sonne geht unter für diese Propheten, und der Tag wird schwarz über ihnen." (Mi 3,6)

In der Offenbarung des Johannes 6,2 bis 6,8 heißt es: „Da sah ich ein weißes Pferd; und der, der auf ihm saß, hatte einen Bogen. Da erschien ein anderes Pferd, das war feuerrot. Und der, der auf ihm saß, wurde ermächtigt, der Erde den Frieden zu nehmen. Da sah ich ein schwarzes Pferd; und der auf ihm saß, hielt in der Hand eine Waage. Da sah ich ein fahles Pferd; und der auf ihm saß, heißt der Tod."

Das Weiß steht bei Johannes für die Unschuld beziehungsweise für die Schuldlosigkeit. Das Rot ist hier ein Symbol für den Krieg, das Schwarz für die Gerechtigkeit (die Waage), das Fahle bezeichnet den Tod.

Die Farben der Heiligen Familie

Ein besonderes Beispiel für die Bedeutung der Farben liefert uns auch der christliche Brauch, in den Kirchen während der Advents- und Weihnachtszeit eine Krippe aufzustellen. Die ersten Hinweise auf eine Krippendarstellung finden sich in der Lebensbeschreibung des heiligen Franz von Assisi. Im Jahr 1223 wandte er sich an den Maler Giovanni Greccio mit folgender Bitte: „Ich möchte die Geburt des göttlichen Kindes so veranschaulichen, wie es einst in Bethlehem geschah." Und der Maler kam diesem Wunsch nach.

Uns interessieren die Farben der Krippenfiguren. Traditionell ist der Mantel von Maria blau dargestellt. Diese Farbe soll an den Himmel erinnern.

Das rote oder rosafarbene Untergewand ist das Symbol für Liebe, während das Weiß des Kopftuches auf die Reinheit hinweist. Der Zimmermann Joseph dagegen ist braun gekleidet, was die Erde symbolisieren soll. Die Engel tragen weiße Gewänder mit goldenen und silbernen Verzierungen, den Farben von Sonne und Mond.

Josef wanderte mit Maria und Jesus von Bethlehem nach Ägypten aus, wo schon seit Jahrtausenden (alte ägyptische Papyrusblätter beweisen es) Farben eine besondere Bedeutung hatten. Das Diesseits der Ägypter war reich an Farben, und auch alle Grabkammern wurden farbig gestaltet, da das Leben im Jenseits ja noch farbenprächtiger werden sollte. Auf dem schmalen Streifen rechts und links vom Nil war alles fruchtbar und bunt. Direkt dahinter begann die Wüste. Hier herrschte eine gelbrote Tönung vor. Diese Welt war tot. Daher bedeutete für die Ägypter Farbigkeit gleich Leben und Energie. Ein Mensch, der seine Farbe verlor, der war dem Tode nahe und rüstete sich zur letzten irdischen Reise.

Auch die Farben Schwarz und Weiß waren sehr aussagekräftig. In der schwarzen Erde wurde das Gold gefunden, und das Helle, also das Weiße, bedeutete die seelische Erlösung. Aber genauso praktisch war Weiß als Schutz vor der glühenden Sonne.

Die Farben der Natur

Farben wurden stets mit praktischen und charakterlichen Aussagen verbunden. Zu dieser Zeit wurden sie aber noch nicht in *gute* und *böse* Farben eingeteilt. Das Dunkle war keine Farbe der Finsternis, sondern eine Farbe der Tiefe. Erst viel später wurde *dunkel* mit *böse* gleichgesetzt, wie sich auch manche Farbaussagen im Laufe der Geschichte verändert haben. Ein anderes Faktum ist, daß sich die Vorliebe für bestimmte Farben stets ändern kann. Wer in seiner Jugend Rot liebt, kann diese Farbe im Alter durchaus ablehnen und beispielsweise Braun oder Grün bevorzugen.

Damit schlagen wir das Buch der Natur auf, denn jeder Gärtner kann beobachten, wie sich beispielsweise die Farben einer Frucht ändern. Eine Pflaume wandelt sich von der grünen zur blauen Frucht. Erst die blaue Farbe zeigt an, daß sie nun genießbar ist. Eine Tomate ist eßbar, nachdem sich das Grüne in ein Rotes gewandelt hat. Und die Zitrone wandelt sich wie die Banane von grün zu gelb. Die Heidel- und die Brombeeren müssen blauviolett, ja schwarz geworden sein, ehe man sie verzehren kann. Die

Mohrrübe zeichnet sich durch eine schöne, orange Farbe aus, während verschiedene andere Früchte mehrfarbig auf den Markt kommen können. Wie etwa die Paprikaschote, die mal grün oder gelb oder auch rot aussehen kann. **So ähnlich verändert sich auch die Einstellung vieler Menschen zu einer Farbe. Ein Farbtest gilt also nicht für alle Zeiten, sondern muß im Laufe des Lebens immer wieder durchgeführt werden.**

Mit Farben heilen

Da Farben unseren Zustand, unsere Launen, unsere Tief- und Höhepunkte gut widerspiegeln, ist es kein Wunder, daß sie zur Heiltherapie verwendet werden. Die oft umstrittene Heilkraft der Farben ist zwar nicht Thema dieser Arbeit, aber sie soll doch erwähnt werden. Man nennt diese Disziplin der alternativen Medizin die Color-Therapie. Sie setzt gewisse und wenige Farben gezielt zur Heilung ein.

Im oberägyptischen Tempel Dendera, der für seine Heilungserfolge besonders berühmt war, gab es auf dem Dach des Tempels die sogenannte „Osiris-Kammer". Hier – so hieß es – übte die Sonne eine ganz bestimmte Heilkraft aus. Kranke suchten diesen Raum auf, um sich den Sonnenstrahlen und den Farben Gelb und Gold auszusetzen.
Auch die Ägypter wußten schon, daß die Farbe Rot erregt und eine aufladende Kraft in sich birgt, während dagegen die Farbe Blau beruhigt.
In China soll man schon weit vor der Zeitenwende Scharlachkranke in rote Gewänder gewickelt haben, während man Epileptiker in Räume führte, die durch violette Vorhänge ein besonderes Licht bekamen.
Mit Rotlicht wird auch heute noch behandelt, wobei die Farbe genauso wichtig sein soll wie die Wärme. Heilpraktiker arbeiten auch mit der grünen Farbe oder der Farbe Türkis.

Stilberatung

1994 war in der seriösen englischen Tageszeitung Times folgendes zu lesen: *„Farbenlehre": Was sagt Ihre Haustür über Sie aus? Heißt Ihre Haustür die Besucher mit fröhlichen Farben willkommen, oder rufen schwere Bolzen und dunkle Farben: Kein Zutritt?"*
Nach Ansicht der Stilberaterin Mary Spillane ist die Wahl der Haustürfarbe von großer Bedeutung und gibt Einblick in die Persönlichkeit. Während die

Farbgebung der Innenräume von vielen Faktoren beeinflußt wird, sagt die Haustür alles über den oder die Besitzer (natürlich nur bei Eigenheimen) aus. Fröhliche, gesellige Menschen streichen ihre Türen in leuchtendem Rot oder Gelb. Sie wollen nicht übersehen werden, auch wenn sie nur ein kleines Haus haben. Die Anhänger von gedämpftem Blau oder Grün wollen ihre Privatsphäre gewahrt wissen. Wer rohe Holztüren mit glänzenden Beschlägen mag, ist um Konventionen besorgt, während eine weiße Tür von unaufdringlicher Kontaktfreudigkeit zeugt.

Astrologie

Schlagen wir ein altes Esoterikbuch auf und wenden uns der Astrologie zu. In der Astrologie wurde jedem der sieben alten Planeten eine Farbe zugeeignet. Dem Mond, das heißt dem lunaren Prinzip, wurde einst die Farbe Violett zugeordnet, weil das Violett stets mit der magischen Kraft in Verbindung gebracht wurde. Heute wird der Mond eher silbern gesehen. Dafür wird heute Purpur stets mit Jupiter gleichgesetzt, der ja als der königlich-kaiserliche Planet galt. Gelb (heute Quecksilber) war die Farbe des Merkur. Eine Farbe, die schon bei den alten Chinesen als Farbe der Weisheit galt. Saturn schrieb man die Farbe Grün zu. Damit war wohl das dunklere Tannengrün gemeint. Heute wird Saturn eher mit der Farbe Braun identifiziert. Blau gehörte stets zur Venus, während das Blutrote immer dem Mars zugeschrieben wurde. Bleibt die Sonne, die durch das Orange oder auch mit dem geröteten Gold symbolisiert wurde.

Die Farben der Aura

In letzter Zeit gewinnt in der esoterischen Szene der Begriff der Aura immer stärkere Beachtung. Aura ist die farbliche Ausstrahlung eines Menschen, die heute fototechnisch festgehalten werden kann. Sie liegt wie eine schützende Hülle über uns. Diese Hülle ist farbig und nur von ganz, ganz wenigen Menschen zu sehen. Aber sie soll Auskunft geben, ob ein Mensch gesund ist, und wenn nicht, woran er leidet. Auch soll die Aura zeigen, welche geistige Kraft und welche spirituelle Höhe in uns lebt.
Rot gilt hier als die Farbe des prallen Lebens, Orange zeigt Vitalität und Gesundheit, während Gelb die Weisheit des Individuums zum Ausdruck bringen soll. Grün dagegen ist die Farbe, die etwas über die innere Harmonie aussagt. Die Farbe Blau gibt Auskunft über die Inspiration und damit

über die Hellsichtigkeit. Indigo symbolisiert die Intuition. Oft erkennt man auch violette Farben, die auf eine spirituelle Energie hinweisen, während hier Weiß alle Farben in sich vereint.

Allerdings – und das ist das Problem – kann sich die sogenannte Aura innerhalb weniger Minuten verändern, und sie ist auch von der Umgebung, also dem Raum und den Menschen in der näheren Nachbarschaft, abhängig.

Psychologie der Farben

Zum Schluß noch einige Hinweise zur Betrachtung der heutigen Farbpsychologie. Rot ist nicht *rot*, Gelb nicht *gelb* und Blau nicht *blau*. Es kommt stets auf die Nuancierungen an. Deswegen streiten sich manche Menschen, ob eine Farbe zum Beispiel eher ein Königsblau oder ein dunkles Himmelblau ist. Jede Farbe kann zum helleren oder zum dunkleren Farbton tendieren, also zur weißen oder zur schwarzen Farbe.

Das Hellere wird – wie in der Natur bei den Grünpflanzen – mehr dem Frühling, das dunklere Grün mehr der Reifezeit zugeschrieben. Je jünger ein Pflanzensproß, um so hellgrüner erscheint er. (Sicher gibt es hier Ausnahmen.) Bei den Menschen ist manches anders als in der Natur. Es fällt auf, daß in der Regel ältere Personen das Helle bevorzugen, während jüngere Menschen mehr zu dunklen Farbtönen neigen. Die ersten sehnen sich nach der Jugend, die anderen nach der Reife.

Die Farbberatung in der Praxis

Das Schwierigste in der Praxis ist nun, da es heutzutage – dank der Chemie – zu viele Farbnuancen gibt, eine geeignete Farbauswahl zu treffen. Deswegen haben wir uns, um dies noch einmal zu betonen, auf zweiundzwanzig Farben und Nuancen beschränkt (siehe Seite 12). Es steht jedoch jedem frei, mit weniger oder mehr Farben zu arbeiten.

Nun zur praktischen Umsetzung: Zu einem Minipreis werden heute Farbstiftkästen mit 32 und mehr Farbtönen angeboten. Es gibt ferner farbige Karten im Format von Spielkarten zu kaufen. Man kann sich auch aus Kartons die Farbkarten selbst anfertigen (siehe Seite 28), so daß sich alle ihre Muster frei wählen können.

Bevor die Haupt- und anschließend die „Nebenfarben" vorgestellt werden, wird im folgenden ein **Vortest** angeboten. Das Ziel ist hier, sich in die Farbenwelt einzufühlen, in Farben zu denken und mit Farben zu leben.

Anfangs mag dies ein wenig abstrakt anmuten, aber man denke nur an die Kunstmaler, die ihre Handlungs- und Empfindungsweisen allein mit Farben und ohne gegenständliche Motive darstellen. Die Maler wissen, daß Farben viel mehr aussagen, als allgemein angenommen wird. Diese Meinung ist die entscheidende Voraussetzung für die Farbpsychologie.

Der Stern

Zweiter Vortest Bei diesem Test sollen sechs Farben ausgesucht werden. Theoretisch könnte
nur eine Farbe für alle sechs Fragen genommen werden. Aber das wäre in
sich unlogisch, denn es ist nicht zu erwarten, daß jemand für die Pflicht die-
selbe Farbe wählen wird wie für die Sehnsucht.

	Farbe der Sehnsucht	
Farbe des Problems	**Farbe der Hilfe**	**Farbe des Zustandes**
	Farbe der Pflicht	

Diese Flächen bzw. Kästchen sollten nun mit Buntstiften ausgemalt werden
oder es werden dafür vorbereitete Karten beziehungsweise Kartonblätter
verwendet. Die Reihenfolge des Ausmalens spielt dabei keine Rolle.

Zu betonen wäre noch, daß alle Menschen ständig einige Probleme haben,
die durchaus nicht nur negativ sein müssen. Es kann sich auch um sehr
positive Probleme handeln. Alle Probleme beruhen aber auf einem
bestimmten Zustand. Ist man in einer guten Verfassung, dann werden alle
Schwierigkeiten leichter angepackt und gelöst. Wenn jemand aber ziemlich
„down" ist, dann können sich kleine Probleme zu riesengroßen Bergen
auswachsen, über die man nie hinwegzukommen meint. Aber jeder hat
erfahren, daß es immer wieder weitergeht und Hilfe oft aus Ecken kommt,
aus denen man sie nicht erwartet hat.

Bei allen Problemen und in jedem Zustand gibt es aber auch ständige Verpflichtungen, die uns Menschen nie loslassen werden. Träumt jemand von
einer Fernreise, dann gebietet es vielleicht die Pflicht, sich um Menschen zu
kümmern, die krank sind oder anderweitig Beistand benötigen; also muß
die Fernreise ausfallen. Oder man hat Umzugspläne. Der Lebenspartner
hängt aber an seinem Beruf, der nur am Heimatort ausgeübt werden kann.
Der geplante Umzug in eine andere Gegend bleibt aus.

Solche und ähnliche Probleme werden hier zur Übung ausgewählt, um sich grundsätzlich auf das Farbdenken und Farbfühlen einzustellen. Dabei ist es noch nicht unbedingt notwendig, den psychologischen Sinn der Farben genau zu kennen. Meist werden die Farben bei diesem Test automatisch richtig gewählt. Es ist erstaunlich, wie gut das Innere hier reagiert.

Erstes Beispiel

Ein junger Mann, der einfach nur neugierig auf einen Farbtest war, wählte folgende Farben:

Gold
für Sehnsucht

Beige
für Problem

Braun
für Hilfe

Blau
für Zustand

Schwarz
für Pflicht

Beurteilung

Nun, das war sehr eindeutig. Sein Problem war nicht recht faßbar, was auch der Wirklichkeit entsprach. Denn der junge Mann wußte nicht, was er beruflich werden wollte. Am liebsten würde er ohne jede Pflicht einfach so dahinleben. Das Leben sei zu schön, um regelmäßig einer Arbeit nachzugehen. Deswegen hatten ihn die Eltern vor die Tür gesetzt.
Damit war auch die Hilfe klar, denn die Farbe Braun gilt auch als die Farbe der Realität. Wenn unser junger Mann Geld brauchte, dann stand er morgens früh um drei Uhr auf und marschierte zur Großmarkthalle, um dort etwas zu verdienen. Er hatte damit keine Probleme, denn er war bei seinen „Arbeitgebern" (er sprach das Wort sehr ironisch und gedehnt aus) recht beliebt.
„Auf mich rechnen dürfen die allerdings nie. Wenn die mich bitten, morgen früh wiederzukommen, ich aber schlafen will, dann halte ich keine Ver-

abredung ein. Pflichten sind mir ein Greuel, wenn ich etwas tue, dann nur freiwillig."

„Aber Sie träumen doch von einer großen, glanzvollen Karriere", warf der Berater ein, „die Farbe Gold … ", der junge Mann unterbrach den Berater: „Karriere mache ich schon. Nur nicht jetzt. Ich weiß, ich werde etwas! Eines Tages schlägt alles bei mir um, dann werde ich etwas ganz Besonderes." Da hieß es nur: Abwarten.

Zweites Beispiel

Sie war Ballettänzerin und stand kurz vor ihrem dreißigsten Geburtstag. Sie sehnte sich nach einem neuen Job. Zur Solotänzerin hatte es nicht gereicht, weil sie, wie sie es selbst formulierte, nicht genügend gearbeitet hatte. Aber nun hatte sie es satt, mit den anderen in der zweiten Reihe zu tanzen. Sie wollte irgend etwas tun, womit sie aus der Masse herausragen konnte. Es war ihr klar, daß es dazu eines besonderen Einsatzes bedurfte.

Indigo
für Sehnsucht

Tannengrün
für Problem

Rot
für Hilfe

Weiß
für Zustand

Gelb
für Pflicht

Beurteilung

Als Pflicht (Gelb) sah sie es an, ihre eigene Sonne, ihren eigenen Wert zu wecken. Denn sie wollte ja nicht bis ins Rentenalter tanzen. „Bei uns tanzen manche noch mit Mitte Fünfzig!". Ihr würde das nicht passieren, betonte sie immer wieder.

Ihren Zustand beschrieb sie mit der Farbe Weiß. Das bedeutet, daß sie zur Zeit ohne Substanz, ohne Farbe ist. „Diese Farbe muß ich erst finden."

Als Hilfe sah sie die Farbe Rot – ihre innere Leidenschaft – an. Mit ihr wollte sie versuchen, sich selbst aus dem „Sumpf zu ziehen".

Bei der Farbe Indigo für Sehnsucht überlegte sie länger, ehe sie antwortete: „Für mich ist das Königsblau, und diese Farbe würde mir gut stehen. Ich will nämlich anerkannt und vor allem respektiert werden!"

Die Deutung dieses Tests ist, wie man hier sieht, nicht schwierig. Es geht erst einmal um die Aufdeckung der Probleme, noch nicht um die konkrete Lösung. Und dieser Test zeigt, wie gut ein Mensch in Farben denken und fühlen kann! Das ist das Wesentliche. **In uns lebt nämlich eine archetypische Grunddeutung der Farben und läßt uns immer die richtige Wahl treffen.**

Die auf dieser Seite abgebildeten Kästchenvorlagen können Sie nach Belieben so oft wie gewünscht kopieren, die kopierten Kästchen dann ausschneiden und anmalen (lassen). Wer mag, kann die Vorlagen unterschiedlich groß kopieren, so daß viele verschieden große Kästchen entstehen.

Schwarz bis Silber

Schwarz

Spontane Reaktionen von Seminarteilnehmern auf die Frage, was ihnen zu der Farbe Schwarz einfällt: *„Ins Schwarze treffen, Schwarze Steine, Trauer, Höhle, Tiefe, Ferne, Unendlichkeit des Weltraumes, Schweigsamkeit, Tiefe des Meeres, Loch im Kosmos, Schwarzarbeit, Hades, Saturn, Furcht, Sarg, Schatten, Hintergrund."*

Ist Schwarz überhaupt eine Farbe? Darüber mögen sich die Wissenschaftler streiten, für die Farbpsychologen ist sie eine Farbe.

Schwarz ist das Dunkle schlechthin, es ist die saugende Tiefe. Die schwarzen Löcher des Weltraums scheinen es zu bestätigen. Alles, was von ihnen angezogen wird, verschwindet für ewig in diesem Tunnel.

Schwarz ist das Nichts des Weltraums, aber in der griechischen Mythologie auch das Dunkle der Hadesunterwelt. Schwarz saugt nicht nur alles auf, es deckt auch alles zu. Zuviel Schwarz auf eine Farbe gegeben, läßt diese verschwinden. Mit Schwarz kann alles ausgelöscht werden – und zwar für immer.

Auch am Himmel können wir diesen Zustand bei den Gestirnen gut beobachten. Wenn der Mond sich der Sonne nähert, nimmt er ab und wird langsam zum Dunkel- oder Schwarzmond, so wurde einst der „scheinbar" vom Himmel verschwundene Mond genannt. Aber der Mond verschwindet nicht im Dunkeln. Er geht ins Licht der Sonne, und es ist dieses Licht, das den Mond scheinbar sterben läßt. Hier im Licht der Sonne erneuert sich der „gestorbene" Mond und steht nach drei Tagen als neugeborener Mond wieder auf. Aus dem Schwarzmond wird ein Licht, das sich zum Vollmond vergrößert.

Es war dieser regelmäßig wiederkehrende Anblick, der den Menschen die Angst vor dem Dunklen, ja vor dem Tod genommen hat. Erst aus dem Dunklen kommt jeder zum wahren Licht, hieß es bald. Das erklärt auch, warum in manchen Erdteilen die Trauerkleidung bis heute weiß ist. Aber auch die schwarze Trauerkleidung hat etwas mit dem Dunkelmond zu tun, weil jedesmal nach dem Dunklen das Licht wiederkommt.

Schwarz ist eine eindeutige Farbe. Sie weist kaum Nuancierungen auf. Das gleiche gilt auch für die Gegensatzfarbe Weiß. Somit scheinen Schwarz und Weiß kompromißlos zu sein. Dabei waren Schwarz und Weiß einst eine Einheit. Das Licht, das Helle, das

Weiße lebte im Schwarz.
Die Bibel lehrt: „Gott sprach: es
werde Licht! Und es ward Licht.
Gott sah, daß das Licht gut war.
Gott schied das Licht von der Finsternis." (Gen 1, 1–4). Das war
Gottes Arbeit am ersten Tag der
Schöpfung. Vorher lag Finsternis
über der Urflut. Mit dem Licht,
das Gott Tag nannte, waren die
Farben geboren, denn nun bekam
auch die Nacht eine gewisse Helle.
Es war das kleine Licht (Mond),
das über die Nacht herrschte, so
daß die Finsternis zeitweise verschwand.
Aus dem Samen der dunklen Erde
wächst die Pflanze, und aus dem
dunklen Leib der Mutter wird der
Mensch geboren. So umwebt und
schützt das Dunkle und Schwarze
das Kommende und Werdende wie
ein Geheimnis.
Menschen, die außerhalb von
Trauerzeiten gerne „Schwarz" tragen, wollen damit – wenn auch
meist unbewußt – etwas Geheim-
nisvolles ausstrahlen, und wenn es
nur erotische Wünsche oder Reize
sind. So wird diese Farbe zum Beispiel mit Vorliebe von Frauen
getragen, die verführen wollen.
Aber das Schwarze führt uns auch
in die Tiefe der Seele. Jede dunkle
Lebensphase will die Menschen
zur Ein- oder Umsicht führen. Sie

will sie zu einer Wandlung, zu
einer Neugeburt anregen, so wie
der schwarze Mond sich in einen
Lichtmond verwandelt. Das
Seelische ruht im Dunkeln und
erscheint den meisten Menschen
als dunkel. Erst wer in diese Sphä-
ren herabsteigt, begegnet seiner
eigenen Seele, seiner Tiefe und
damit auch seiner stärksten Kraft.
So verbirgt sich hinter der
schwarzen Farbe so viel wie in
keiner anderen Farbe, weil alles,
was wachsen und gedeihen soll,
aus der Finsternis kommt. Schwarz
zeigt immer eine Tiefe an, die
jedoch, wenn man erst einmal in
der Unterwelt angekommen ist,
oft verschlingend sein kann.
Die Ägypter legten die Priester-
anwärter (Adepten) in einen Sarg,
damit sie sich mit dem Dunklen
vertraut machen konnten. Erst
wenn sie diese Prüfung bestanden,
wurden sie zu Eingeweihten er-
nannt.
Schwarz ist auch die Farbe unseres
Schattens, unseres ewigen Beglei-
ters. Die Menschen wissen seit
alters her durch Mythen und Sagen,
daß jeder lernen muß, mit seinem
inneren Schatten umzugehen.
Daher wird er auch als die dunkle
Seite des Menschen bezeichnet.
Richtiger ist es, ihn als die unbe-
kannte, noch nicht erleuchtete

Seite des eigenen Wesens anzuerkennen. Die Seher in den alten Sagen und Legenden waren meist Blinde, die ihr Augenlicht verloren hatten, *um sehend zu werden.*
Es ist aber unzweifelhaft, daß das Schwarze auch mit Depressionen oder negativen Stimmungen verbunden wird, so wie es von alters her die Begriffe der Weißen und der Schwarzen Magie gab. Die Schwarze Magie wurde mit dem Teufel oder anderen bösen Geistern in Verbindung gebracht.

Menschen, die als Lieblingsfarbe Schwarz angeben, spüren sicher in sich einen Hang zur Tiefe. Sie sind selten vordergründig oder banal. Sie lieben das Geheimnisvolle. Sie sind Suchende, auch wenn ihnen das nicht bewußt ist. Sie streben immer zum Kern einer Antwort.

Menschen dagegen, die das Schwarz heftig ablehnen, haben meist Angst vor der eigenen Tiefe. Allem Unheimlichen gehen sie aus dem Weg, sie suchen Klarheit und Logik. Alles ist mehr nach außen gerichtet, der Tod existiert für sie nicht.

Weiß

Spontane Reaktionen von Seminarteilnehmern auf die Frage, was ihnen zu der Farbe Weiß einfällt: *„Hochzeit, Reinheit, Aufgabe, Unschuld, Helligkeit, Vollkommenheit, Unfehlbarkeit, Sterilität, im Weiß ist alles drin, Eis, Schnee, Weisheit, Hellsehen, heller als das Morgengrauen, Weiß ist nicht erreichbar, Symbol für Reife, absolut gut, ‚rühr mich nicht an‘."*
Weiß ist die Helligkeit. Der absolute Gegensatz zu Schwarz. Im Weiß – so sagt man – sind alle Farben enthalten. Nur sind diese Farben noch nicht sichtbar. Während Schwarz der Ausgangspunkt ist, ist Weiß das Ziel. So ist Weiß das Licht, zu dem alles strebt, weil vom Weiß alles Heil ausgeht. Daher kommt auch die Sitte, daß Ärzte und Krankenschwestern die weiße Kleiderfarbe bevorzugen. Esoteriker meinen, wer eine weiße Aura habe, der besitze einen erleuchteten Bewußtseinszustand, der mit einer sehr starken Energieschwingung gekoppelt sei. Weiß ist die Farbe der Engel und der Schutzgeister, aber meist auch die Farbe der Gespenster. Sie regt zu romantischen Träumen an. Weiß ist die Farbe der absoluten Reinheit, daher spielt die weiße Kleidung bei vielen kirchlichen

Zeremonien oft eine bedeutende Rolle. Weiß ist wie Schwarz ein Symbol für Erfahrung und Reife, wozu sicherlich die weißen Haare kluger Dichter und Denker beigetragen haben. Auch das weiße Haar der Mutter wurde stets verehrt und oft besungen. Die Farbe Weiß verdeutlicht alles. Erst auf einem weißen Hintergrund kommen Schriften und Farben richtig zur Geltung. Das weiße Papier ist in dieser Beziehung unübertreffbar, auch wenn es inzwischen gelb- oder rosagefärbte Zeitungen geben mag.

Für die Kultur der Chinesen sind die Begriffe Yin und Yang sehr wesentlich. Im graphischen Symbol erkennt man in der schwarzen Fläche einen weißen Punkt und in der weißen Fläche einen schwarzen Punkt. Das Symbol des Yin und Yang ist der Ausgangspunkt für die gesamte chinesische Philosophie. Yang symbolisiert das Männliche, und Yin das Weibliche. Aber erst beides zusammen ist eine Einheit. Im Weiblichen lebt das Männliche, wie im Männlichen das Weibliche vorhanden ist.

Es sei nicht vergessen, daß die Farbe der Kapitulation schon immer weiß gewesen ist. Weiß ist folglich auch die Farbe der Ergebenheit und ein Symbol für den Frieden.

Weiß deckt nur bedingt zu, nicht mehr als jede andere Farbe auch. Aber es hellt die anderen Farben auf. Wir lesen bei Levi 13,13: „da er völlig weiß geworden ist, ist er rein." Oder in der Offenbarung 1,14: „Sie haben ihre Gewänder gewaschen und im Blut des Lammes weiß gemacht." Hier wird auf eine symbolische Wäsche hingewiesen, denn das Blut hat nun einmal die rote Farbe. Weiß symbolisiert die Vollkommenheit, denn es vereint alle Farben in sich. Erst durch Brechung des weißen Lichtes entstehen die drei sogenannten Primärfarben: *Rot - Grün – Blau.*

Weiß wird, im Gegensatz zu Schwarz, auch als Licht bezeichnet. Aber jedes Licht vergeht und muß sich dann im Schwarzen regenerieren, denn kein Licht ist ewig. Wer die Jahreszeiten beobachtet, kann folgendes feststellen: je mehr Licht und Wärme in den kurzen Wintertagen benötigt wird, um so weniger gelb ist die Sonne. Die Wintersonne ist weiß, sie ist nur noch reines Licht und scheint kalt. Je „schwärzer" die Sonne scheint, um so wärmer wirkt sie auch. Wenn das Weiß (Schnee und Reif) aus der Natur geht, wird die Sonne dunkler und gelber. Wir nähern uns dem Frühling mit seinen wärmeren Tagen. Das läßt sich auch auf die anderen Jahreszeiten übertragen. Nach dem sehr bunten Herbst wird die Natur kahl und die Sonne weiß. Beim Menschen scheint dies ebenso zu sein. Je fahler, je weißer er wird, um so mehr scheinen seine Tage gezählt zu sein. Ein Grund, warum die Bräune als so gesund gilt.

Während Schwarz alle Farben zudeckt, scheint das Weiß alle Farben auszulaugen. Je mehr Weiß in einer Farbmischung enthalten ist, um so weniger bleibt von der Ausgangsfarbe übrig. Und das fahle Weiß führt uns letztlich zur Finsternis. Wenn es völlig verblaßt, dann ist es dunkel.
„Ganz in Weiß … ", singen diejenigen, die ihre Braut zum Traualtar führen. Es ist das Symbol der Reinheit und des höchsten Glücks. Doch alles nur in Weiß wäre fad. Es sind die deftigen Farben, die das Weiß erst voll zur Wirkung kommen lassen. Die Realität unseres Lebens ist nun einmal nicht weiß, und von der „weißen Weste", die alle besitzen sollten, reden heute sowieso nur noch sehr wenige. Die Farben Weiß und Schwarz kennen keine Tönungen. Entweder man hat es mit einem reinen Weiß oder einem reinen Schwarz zu tun.

Diese Eigenschaft unterscheidet sie am stärksten von allen anderen Farben.

Menschen, die die Farbe Weiß als ihre Lieblingsfarbe angeben oder sie mehrfach bei den folgenden Tests verwenden, spüren in sich einen Hang zur Reinheit, zur Vollkommenheit. Meist sind es Idealisten, auch wenn sie wissen, daß ihre Träume kaum zu realisieren sind. Sie streben dem reinen Licht entgegen, wodurch sie für Sekten und Gurus anfällig erscheinen. Sie leben ständig in der Gefahr, ausgenutzt zu werden.

Menschen, die dagegen mit der Farbe Weiß nichts oder nur wenig anfangen können, sind eher realistisch. Sie wissen, daß weiße Kleidung ständig gewechselt werden muß. Sie sind sicher keine Idealisten und kennen keinen siebten Himmel. Absolute Reinheit ist ihnen sogar unheimlich.

Grau und Silber

Spontane Reaktionen von Seminarteilnehmern zur Frage, was ihnen zu der Farbe Grau einfällt: *„Grau ist Theorie, eine magische Farbe, graue Maus, das Nachdenken, Mischmasch, Unauffälligkeit, Morgengrauen, Armut, graue Eminenz, alt und grau, Distanz, mir graut's!, Langeweile, Toleranz, grauer Alltag, Anpassung, Täuschung."*

Grau ist die Mischung – oder das Aufeinandertreffen – von Weiß und Schwarz. Obwohl es nur ein echtes Schwarz beziehungsweise Weiß gibt, variiert das Grau in einer Vielzahl von Schattierungen. Vom Weißgrau über Blau- oder Braun-, Grün-, Gelb- oder Rotgrau bis zum fast schwarzen Grau. Diese Farbrichtungen müssen bei der Deutung berücksichtigt werden, wenn auch das „reine" Grau im Sinn der schwarzweißen Mischung farbpsychologisch im Vordergrund steht.

Grau ist zuallererst die Farbe der Toleranz, denn es vereinigt in sich die beiden stärksten Farbgegensätze. Sicherlich ist Grau auch eine Deckschicht, daß heißt eine Untertreibung. Man will nicht übermäßig ins Auge fallen. Unbewußt spielt hier sicher die Angst vor Neidern und Konkurrenten eine große Rolle. Daher wirkt Grau auch vertrauenerweckend, weil es den Eindruck der toleranten Bescheidenheit unterstützt.

Andererseits ruft die Farbe Grau oft starke Abneigung hervor, wenn von den grauen Städten, dem grauen Wetter, den grauen Mäusen oder dem grauen Alltag gesprochen wird. Hier spürt man die Verachtung und die Kritik an dieser Farbe. Als *„grauer Typ"* möchte keiner eingeordnet werden, auch wenn das Grau stets eine gewisse Neutralität ausdrückt. „Mit Grau ist man immer dabei – nie ganz ausgeschlossen." Aber mit Grau fällt man zugleich kaum auf, man verleugnet sich gern. Das Understatement ist allzu deutlich.

Grau ist der Nebel, der die Sicht trübt, die schlechte Luft, der Qualm. Die grauen Wolken decken das Blau des Himmels zu und der graue Qualm manche Giftwolke. Als grauer Monat gilt der November, da die Sicht nach außen sehr eingeschränkt ist. So soll die Sicht nach innen, die Einsicht, im Vordergrund stehen. Wünsche und Sehnsüchte liegen oft hinter grauen Schleiern, die vielleicht eine graue Fee wie ein Spinnennetz darüber gesponnen hat.

Das Grau zeigt mancherlei an. Es gibt Hoffnung, weil das Schwarze weicht. Aber gleichzeitig ist es auch ein Symbol für schwere Depressionen, weil das Helle immer dunkler wird.

Im Laufe der Zeit bekam die Farbe Grau ihre hohe Anerkennung durch den Respekt vor dem Alter. Heute mögen die ersten grauen Haare Panik auslösen, aber die Hochschätzung vor Menschen mit grauen Haaren ist geblieben. Ihr Rat wird mehr gesucht und geschätzt als der von Personen, die noch keine Erfahrung, die graue Haare verursachen, besitzen. Das Alter wird hier zur Qualität. Manche Vereinigungen und Parteien führen daher das Wort „grau" ganz bewußt in ihrem Namen. Eine andere lobende Betonung der Farbe Grau kommt in dem Begriff der „grauen Zellen" zum Ausdruck: solange die arbeiten, ist alles gut.

Zwei „graue" Tiere haben sich den Menschen besonders eingeprägt: der Elefant und der Esel. Der Elefant ist im Laufe der Zeit sogar zu einem äußerst beliebten Glückssymbol geworden! Obwohl es auch weiße Elefanten gibt, verbindet man mit dem Begriff Elefant automatisch die graue Farbe. Und da der Elefant ein „Herrschertier" ist, wurde dieses Grau auch hoch eingeschätzt.

Das Grau des Esels gilt dagegen nicht allzuviel. Dabei ist dieses Grautier besonders nützlich. Es gibt viele Landstriche auf dieser Erde, wo die Menschen sehr leiden würden, wenn sie nicht den Esel hätten. Dieses Tier ist geduldig, sehr arbeitswillig, anspruchslos und scheint daher für außergewöhnliche Leistungen prädestiniert zu sein. Es kann aber auch störrisch reagieren, wenn es zu sehr gequält wird. Der Esel bringt vielen Bauern und Händlern einen gediegenen Wohlstand. Trotzdem wird sein Name leider sehr gern als Synonym für Dummheit benutzt, was dem Tier sicher nicht gerecht wird.

Elefant und Esel verkörpern Leistung und Erfolg. All dies verbirgt sich hinter dem Grau dieser Tiere. Das läßt sich auch auf die Menschen übertragen. Das unauffällige Grau signalisiert oft emsigen Fleiß und eine lautlose Zuverlässigkeit. Bescheidenheit gilt bei dieser Farbe noch als Zierde. Hierbei sind selbstverständlich die Farbvarianten zu beachten, denn ein Blaugrau wirkt doch aufhellender als ein eher unansehnliches Steingrau.

Wer sich grau kleidet, der benötigt Zuspruch, Trost und sehr viel Verständnis. Er muß meist um seine innere Sonne ringen, so wie alle Menschen, die stets über das schlechte und damit graue Wetter stöhnen.

Das Grau kann als eine gute Grundfarbe, auch als eine gute Hintergrundfarbe, angesehen werden, was bei Buchtiteln besonders auffällt. Bei allem ist es aber doch eine rationale Farbe. Von Grau erwartet man keine Sensationen, keine Extreme und keine großen Überraschungen. Mit Grau läßt sich rechnen und planen. Auch hat die Farbe Grau den Vorteil, verhältnismäßig unempfindlich zu sein, was jeder bei den Autofarben gut beobachten kann.

Menschen, die die Farbe Grau zu ihrer Lieblingsfarbe wählen, geben sich Mühe tolerant zu sein. Allerdings müssen sie damit noch nicht tolerant sein! Aber sie bemühen sich, die in ihnen lebende Aggressivität zu zähmen. Sie versuchen, sich zu beherrschen. Ihre Stimmungen gehen nie allzu hoch oder allzu tief. Sie drängeln sich nicht vor, und wenn, dann tun sie es möglichst unauffällig. Sie gehen gerne in Deckung und meinen, daß es sich aus dem Hintergrund am

besten wirken läßt. Meist verzichten sie auf eine nach außen gewandte Karriere. Publicity liegt ihnen nicht. Dafür haben sie Geduld und sind voll stiller Zähigkeit. Sie sind wirklich Esel, die nicht aufgeben.

Menschen, die Grau ablehnen, wollen dagegen ihren individuellen Weg gehen. Sie ordnen sich schwer ein und betonen nach außen ihre Besonderheiten. Sie lieben Abwechslung und suchen mehr äußere als innere Abenteuer. Außerdem fallen sie recht gerne auf und wollen ihr Leben genießen.

Silber

Im farbpsychologischen Sinn ist Silber ein schimmernder Grauton. Es erhebt sich über das eher blasse Grau durch den glänzenden Schein. Silber ist schon immer eine Farbe des Mondes und der Sterne gewesen, auch wenn diese beiden Lichter im Schatten der Sonne stehen.

Menschen, die Silber lieben oder häufig silberglänzende Anzüge tragen, sind keine „graue Mäuse". Sie sind sich ihres Wertes durchaus bewußt, halten sich jedoch klug in der Öffentlichkeit zurück. Ihre vorhandene Machtposition wirkt eher im Hintergrund. Sie verkörpern die einflußreiche rechte Hand eines Machtmenschen, sei dieser Manager, Politiker oder eine sonstwie in der Öffentlichkeit wirkende Person. Man darf ihre Kraft und ihre Fähigkeit Einfluß auszuüben nicht unterschätzen. Wer sie kränkt, wird das noch lange spüren.

Wer Silber nicht mag, mag entweder keine Machtposition bei anderen, oder aber er strebt selbst ganz nach oben. Meist ist das zweite der Fall. Es gibt Menschen, die sich als Nummer zwei höchst unglücklich fühlen. Sie streben zum höchsten Treppchen, zum glänzenden Gelb, zum Gold. Eine Silbermedaille ist für sie überhaupt nicht erstrebenswert. Für sie gilt das Motto: „alles oder nichts".

Mit Silber gleichzusetzen wäre *Weißgold.* Wer Schmuck aus Weißgold liebt, der stapelt bewußt tief, der hat Furcht, von der Höhe gestürzt zu werden. Also versteckt er sich, beziehungsweise seine Fähigkeiten recht gern oder aber, er hat eine Stufe der bescheidenen Weisheit erreicht, die zu bewundern wäre. Diese Menschen benötigen keinen äußeren Glanz mehr, sie leben ihr Leben unabhängig.

Die Mitte

Erster Zwischentest Dieser Test arbeitet mit der Voraussetzung, daß von fünf Farben bereits drei Farben vorgeschrieben sind, und zwar Weiß, Grau und Schwarz. Aber nicht alle drei Farben müssen vorkommen! Die Testperson kann auch dreimal Weiß oder zweimal Grau und einmal Schwarz wählen. Aber hier sollte sie sich mit den Farben der Finsternis, der Helle und der Mitte auseinandersetzen. Die anderen beiden Farben sind frei wählbar. Auch hier ist es möglich, etwa zweimal die Farbe Rot oder zweimal Gelb oder Grün zu wählen.

	5 Lösung	
3 Bindung	1 Person	4 Wunsch
	2 Wurzel	

Aufgabenstellung

Erstes Feld: Zuerst sollte die Farbe der *eigenen Person* gewählt werden. Entweder wird hierbei die Stimmung oder das Gefühl, welches die ausmalende Person gerade erfaßt hat, entscheiden, oder eine Grundstimmung, weil ein Problem den betreffenden Menschen beschäftigt.

Zweites Feld: Die zweite Ausmalung betrifft die *Wurzel*. Die Testperson soll durch die Farbe ausdrücken, was sie als Kern in sich empfindet. Folgende Stichworte können hier bei der Klärung helfen: Optimismus, Lebensmut, Verzagtheit, Pechvogel, Pessimismus, Niedergeschlagenheit, Glücksgefühl, Ansehen, Hoffnung, Trauer.

Drittes Feld: Das dritte Feld soll ausdrücken, welche *Bindung* die Testperson eingegangen ist, ob diese sie im Moment belastet, oder ob diese Bindung sie bereichert.

Viertes Feld: Es kann sein, daß es *Wünsche* gibt, deren Erfüllung durch Bindungen versagt geblieben sind. Da kann eine Tochter keine Karriere im Ausland machen, weil ihre Mutter sie in der Heimat braucht; ein Mann verliebt sich, aber er ist bereits gebunden.

Fünftes Feld: Das fünfte Feld soll die Farbe widerspiegeln, die die *Lösung* anbietet, um in der jetzigen Lage seine Mitte zu finden.

Dieser Test ist verhältnismäßig schwer, weil man außer den drei vorgegebenen Farben nur zwei andere Farben braucht. Auch diese zwei Felder können beispielsweise wieder nur von einer Farbe ausgefüllt werden.

Für die Ausmalung dieser fünf Felder sollte sich jeder Zeit lassen.

Erstes Beispiel

Eine eigentlich sehr erfolgreiche Frau litt an ständigen Schlafstörungen. Sie meinte, der Berufsstreß mache sie kaputt, sie habe kein Privatleben und auch keine intakte Partnerbeziehung. Sie sehne sich danach, zur Ruhe zu kommen. Sie malte den Test wie folgt aus:

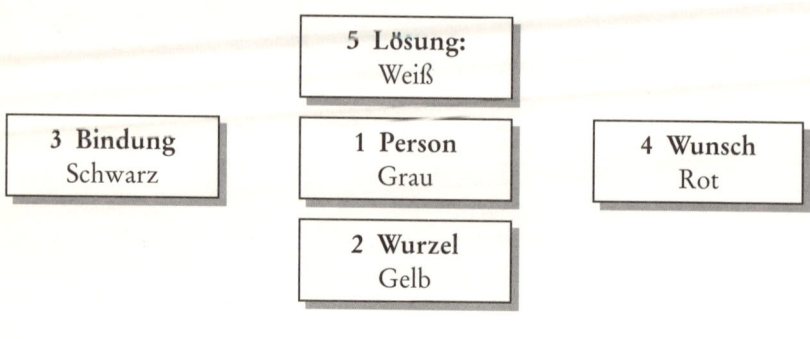

Beurteilung

Das Problem wurde durch die Farbauswahl recht gut getroffen. Diese Frau spürt in sich viele Kräfte, wie es die Wurzel (Gelb) anzeigt. Ihre Lage als Person ist mit Grau neutral beschrieben, weil sie ja beruflich gesehen Erfolg hat. Aber was die Bindung betrifft, sieht es Schwarz aus. Ihr Wunsch nach Liebe ist sehr stark, wie die rote Farbe deutlich symbolisiert. Sie weiß auch, daß die Lösung in ihrem Grundoptimismus liegt und daß sie wieder die helle Höhe (Weiß) erklimmen wird. Hier geben Farben gute Hinweise.

Zweites Beispiel

Ein Vater mußte seine drei Söhne alleine großziehen, weil seine Frau früh von ihm gegangen war. Nun gingen die Söhne ihre eigenen Wege, und der Mann war alleine. Wie sah er seine Lage:

	5 Lösung: Gold	
3 Bindung Blau	**1 Person** Schwarz	**4 Wunsch** Grau
	2 Wurzel Schwarz	

Beurteilung

Der Mann ist im Stimmungstal angekommen. Eine Lösung scheint ihm selbst unerfüllbar, deswegen hatte er zum Gold gegriffen. Nur über eine Bindung (Blau) erhofft er sich einen kleinen Himmel, damit alles andere noch funktioniere. In seinem Wunsch ist er sehr bescheiden geworden (Grau). Dieser Mann muß völlig neu aufgebaut werden.

Rot *bis* Grün

Rot

Spontane Reaktionen von Seminarteilnehmern auf die Frage, was ihnen zu der Farbe Rot einfällt: *„Power, Liebe, Aggression, Abendstimmung, Energie, Blut, Feuer, Hitze, Herz, Morgenrot, Hölle, Kraft, Stopp!, Rose, Mohn, Revolution, Paprika, Erdbeeren, Alpenglühen, Mars, Zorn, rotes Tuch."*

Rot ist von allen Farben diejenige, die die auffallendste Wirkung hervorruft. Deswegen wird sie auch oft als Warnfarbe verwendet. Rot ist (zusammen mit Gelb) die Farbe des Feuers, aber auch die Farbe des Sonnenauf- oder -untergangs. Sie ist die Farbe der Glut und der Hitze. Rot lädt auf, erhöht den Wagemut und läßt den Blutdruck steigen.

Es war eine der wichtigsten Beobachtungen unserer Vorfahren, daß sie Rot mit Blut gleichsetzten. So wurde Rot zur Farbe des Kampfes. Kein Wunder, daß auch der Kriegsgott Mars mit der Farbe Rot identifiziert wurde.

Rot steigert die Emotionen und aktiviert. Rot ist auch die Farbe des Zorns. Noch heute sagt man: „Er sieht rot", wenn die Wut mit einem Menschen durchgeht. Doch letztlich ist Rot auch die Farbe des Lebens, und wer sich gerne rot kleidet, dem kann man Lebensfreude und Aktivität bescheinigen. Allerdings vermag zu grelles Rot unbewußt manche Menschen zu erschrecken. Deswegen sollte mit roter Kleidung recht vorsichtig umgegangen werden. Rot ist nämlich auch die Farbe des Durchsetzungswillens, die alle anderen zu überfahren droht.

Bei Versuchen mit Kindern soll sich gezeigt haben, daß Kinder, die mit roten Bauklötzen spielten, zu Nervosität und Aggressivität neigen. Bei Erwachsenen wiederum wurde erforscht, daß viele, die die Farbe Rot bevorzugen, eher bereit sind, Risiken einzugehen.

Rote Gegenstände erscheinen uns groß und schwer, und rotbemalte Flächen scheinen sich auf uns zuzubewegen.

Rot ist ferner keine Farbe, die zur Objektivität mahnt. Um so verwunderlicher ist es, daß die obersten deutschen Richter in roten Roben vor Kläger und Verteidiger treten.

Aber Rot gilt in erster Linie als die Farbe des Herzens und der Liebe und wird immer auch auf die Erotik bezogen. Rote Rosen waren stets das Liebessignal. Rot ist die Leidenschaft, die Hingabe, der volle Einsatz. Rot – so heißt es, kennt keine Kompromisse. Leute, die Rot tragen, sind voller *Drive*.

Aber Rot stoppt. Nicht nur Verkehrsteilnehmer, sondern alle Menschen, vor denen plötzlich ein rotes Signal auftaucht.

Rot ist meist die Farbe der Opposition und stets die der Revolution. Einst wurde Rot auch als Farbe der Hölle betrachtet. Sie sollte die Sünder vor ihren Freveln warnen, damit sie nicht im roten Fegefeuer enden.

Sie verkörpert Kraft und Macht und steht ähnlich wie die Farbe Schwarz in starkem Gegensatz zu Weiß. Rot auf Weiß ist ein weithin sichtbares Signal, das zum Beispiel vom Roten Kreuz verwendet wird. Damit wurde Rot gleichzeitig auch zur Farbe der Katastrophen. Rot sehen heißt Gefahren sehen.

Es ist eine Farbe, die lockt und warnt. Ihre Wirkung ist höchst gegensätzlich, so wie die von Liebe und Gefahr oder Leidenschaft und Leid. Je greller das Rot, um so mehr Gefahr wird signalisiert. Das dunklere Rot dagegen kündigt schon versöhnlichere Seiten an. Wer an die Macht der versteinerten Kräfte glaubt, also an die Edelsteine, der kennt den Blutstein, der die Farbe geronnenen Blutes hat. In Kurorten wird dieser Stein als Symbol für die Heilung verkauft und gilt als Talisman gegen eventuell kommende Krankheiten.

Vom hellen bis zum dunklen Rot wird zusätzlich ein Weg der Reife symbolisiert, wie er vielleicht nur noch beim Grün nachvollziehbar ist.

Menschen, die die Farbe Rot lieben, sind voller Lebenslust und Aktivität, die sich auf alle Gebiete – vom kämpferischen Handeln bis hin zur Erotik – erstreckt. Sie lassen sich nicht schnell einschüchtern, leben aber ständig in der Gefahr, daß sie nicht erkennen, wann sie den Bogen überspannen. Wenn sie lieben, dann mit voller Hingabe. Wenn sie hassen, dann hassen sie total. Die Kräfte dieser Menschen scheinen unerschöpflich.

Menschen, die die Farbe Rot ablehnen, fürchten sich vor dem Bedingungslosen. Meist weichen sie Kämpfen, aber auch Verführungen aus. Sie lehnen das „zu Primitive" ab und legen Wert auf eine eher konservative Umgebung. Das „rote" Tuch der Toreros ist ihnen zuwider wie der tödliche Stierkampf. Sie bemühen sich um die Beherrschung ihrer Emotionen, was manche Liebe unvollkommen erscheinen läßt.

Gelb und Gold

Spontane Reaktionen von Seminarteilnehmern auf die Frage, was ihnen zu der Farbe Gelb einfällt: *„Licht, Sonne, Sonnenblumen, Freude, Strand, Luftigkeit, Aufbau, Geist, Eifersucht, Geld, mentale Fähigkeit, in kleinen Dosen genießen, Neid, Wüste."* Gelb und Gold sind die Sonnenfarben. Gelb wirkt grell, Gold wirkt warm. Wie Rot mobilisiert Gelb. Es ist ein Markenzeichen geworden, wir brauchen nur an das Postgelb zu denken. Die gelben Wagen und Briefkästen waren ein Symbol für Schnelligkeit und Zuverlässigkeit. Die Briefkästen fallen im Straßenbild genauso auf wie Menschen, die knallgelb gekleidet sind. Es warnt aber nicht wie das Rot vor Gefahren. Gelb gebietet keinen Stopp. Es ist höchstens – denken wir an die Ampelschaltung – eine Vorwarnung.

Gelb ist eine Farbe der guten Laune und der Heiterkeit, auch der sanguinischen Stimmung. Menschen, die sich mit viel Gelb umgeben, kann man kaum als Pessimisten bezeichnen. Sie sind weder cholerisch noch melancholisch veranlagt.

Gelb gilt als die Farbe der Horizonterweiterung, sie steht für den Wunsch, der Sonne recht nahe zu kommen. So wurde Gelb ein Farbsymbol für die Weite der Welt, für die Hoffnung auf Wärme und für das Streben nach Ideen.

Gelb sind die Getreidefelder, die für die Grundernährung der Menschen sorgen. Wenn das Laub gelb wird und stirbt, weckt es später als Humus neues Leben und neues Wachstum.

Gelb (oder Gold) ist die Farbe der wertvolleren Münzen. So wurde sie auch zur Farbe des Wohlstandes und des gediegenen Reichtums. Je heller das Gelb, um so mehr spielt die Reinheit der weißen Farbe eine Rolle, je dunkler, um so mehr wirkt die Farbe der Finsternis mit, und je goldener, um so stärkeren Einfluß hat die rote Farbe.

Gelb ist die Farbe der Kommunikation, aber auch die des koketten Kontaktes. Doch in erster Linie bleibt Gelb die Farbe der Sonne, die Wärme und Lebenskraft ausstrahlt. Gäbe es keine Sonne, wäre kein Leben möglich. Von daher bekommt Gelb eine ganz besondere Bedeutung, was noch gravierender auf die Farbe Gold zutrifft. So sehr das Gelbe lockt, der Nachgeschmack ist oft sauer – wir brauchen nur an den Biß in eine Zitrone zu denken! Das heißt: Gelb kann man nur in geringen Dosen wirklich genießen. Zuviel von dieser Farbe wäre eher schädlich. Auch zu viele Sonnenstrahlen sind ungesund.

Gelb ist auch der König der Tiere, der Löwe. Es ist in allen Schattierungen eine Farbe der Wüste. Aber diese ist unfruchtbar, ihr fehlt die schwarze Tiefe. Deswegen wurden im alten Ägypten die Tempel sehr farbig geschmückt, wobei dunkle Farben bevorzugt wurden. So schön Gelb ist, es kann bedrohlich wirken, wenn keine andere Farbe zur Ergänzung oder zur Befruchtung herbeigezogen wird.

Schließlich: Gelb muß leuchten. Wenn die Leuchtkraft fehlt, dann wird das Gelb leblos, fad und trübe und zum Symbol böser Gedanken, wie etwa der Eifersucht oder der Intrige. Neid beispielsweise gilt im Buddhismus als eine der bösesten Sünden überhaupt. Er tritt immer dann auf, wenn die eigene Schöpfungskraft ausgelaugt und am Ende ist oder wenn letztere nie genutzt wurde. Dann werden Menschen listig und verschlagen. Für die Farbpsychologie heißt dies: das Gelb wird immer blasser und blasser, all seine Wärme verschwindet. Man möchte folgern: bei Gelb scheiden sich die Geister. Als Gegenpole dieser Farbe werden oft das Zitronengelb und das Sonnengelb genannt, was sicher nicht so ganz richtig ist. Eine Zitrone kann durchaus ein warmes Gelb haben, während die Sonne oft nur mit fahlem Gelb scheint.

Menschen, die ein strahlendes Gelb in allen Farbschattierungen lieben, sind aufgeschlossen, wach, temperamentvoll, vital und oft sehr geistreich. Sie verbreiten Heiterkeit und Lebensfreude. Sie wirken anziehend wie Magnete und erfüllen ihre Aufgaben mit viel Humor. **Menschen, die ein fahles Gelb bevorzugen,** setzen sich viel mit den dunklen Seiten des Lebens auseinander. Oft lebt in ihnen eine tiefe Traurigkeit, die ihre Wurzeln in der Erfahrung hat, daß alles trostlos ist, wenn die Wärme schwindet.

Menschen, die Gelb ablehnen, suchen lieber die Dämmerung auf. Sie mögen den grellen Sonnenschein nicht. Sie haben oft Angst vor dem Versagen. Sie trauen sich wenig zu und leiden häufig an Minderwertigkeitskomplexen. Sie sind eigentlich auch recht gerne alleine. Aber merkwürdig – immer dann zünden sie sich ein gelbes Licht, nämlich eine Kerze an.

Gold

Im farbpsychologischen Sinn ist das Gold ein glänzender, warmer Gelbton. Gold gilt als das Wertvollste auf der Welt (was so nicht stimmt), weil es immer mit der Sonne identifiziert wurde. Es ist die Farbe der Sonne. Im Sonnenlicht zu stehen, ist ein Ziel vieler Menschen, die aber meist vergessen, daß dort, wo viel Sonne ist, auch viel Schatten sein muß.

Menschen, die Gold als Farbe lieben, wollen nach oben. Sie sind ehrgeizig, ohne kalt zu sein. Denn die Wärme ist ihr Lebenselexier. Solche Personen stellen ihren Reichtum – wenn vorhanden – gerne zur Schau. Sie lieben glänzenden Schmuck, der nicht einmal immer echt sein muß. Sie sind es gewöhnt, im Mittelpunkt zu stehen, ja sie suchen ihn geradezu. Im Theaterfoyer stehen sie dort, wo das Licht am hellsten ist, nämlich direkt unter dem Kronleuchter. Wenn es ginge, würden sie sich eine Krone aufsetzen. Frauen, die Gold lieben, schmücken und frisieren ihre Haare ganz besonders gern und auffällig.

Bescheidenheit ist nicht gerade ihre Stärke, aber diese Menschen wissen auch, daß man das Glück nicht allzusehr herausfordern darf. Daher tragen sie Führungspositionen mit Würde. Eine Silbermedaille kommt für sie nicht in Frage. Wenn sie sich an einem Wettkampf beteiligen, muß für sie dabei die Goldmedaille herausspringen.

Menschen, die die Farbe Gold ablehnen, sind verhältnismäßig selten. Sie fürchten sich vor dem Scheinwerferlicht und arbeiten lieber im Hintergrund. Sie sind in der Regel mit der Farbe Silber sehr zufrieden.

Orange

Spontane Reaktionen von Seminarteilnehmern auf die Frage, was ihnen zur Farbe Orange einfällt: *„Apfelsine, Mandarine, Karotte, Mönchskutte, Müllabfuhr, Abend- und Morgenröte, Mohnblume, Signalfarbe, Flammenfanal, Charme".* Orange ist für die Farbpsychologie eine Mischung aus Rot und Gelb und gilt als Farbe der gezähmten Vitalität. Es ist die Farbe der Lebensfreude, des Wohlgefühls, ja man kann sagen: Orange ist die Farbe des Glücks. Orange regt an und ist das Symbol der Muse und der Künstler. Wer Orange liebt, in dem leben künstlerische Interessen oder Ambitionen.

Orange gilt als Farbe der schöpferischen Phantasie. Sie gilt als Farbe des Wohlklangs und der Lebensfülle. Sie signalisiert Energie, die jedoch ohne zu große Gefahr (wie grelles Rot) eingesetzt werden kann. Die Mischung der Signalfarben Rot und Gelb führte dazu, daß heute fast alle Bau- und Gefahrenstellen orangefarben abgesichert werden. Man will aufmerksam machen, ohne zu erschrecken. Die Farbe ermuntert, macht rege und weckt untergegangene Lebensgeister wieder auf. So trägt sie im psychologischen Sinn wesentlich zum allgemeinen Stimmungsaufschwung bei.

Orange weckt keine Angstgefühle, weil hier das Symbol des Geistes, die Farbe Gelb, durchschimmert. Orange steht auch für Selbstvertrauen und für Unabhängigkeit, die aber nicht fortwährend verteidigt werden muß. Sogar Aggressivität kann gedämpft oder sublimiert werden. Orange zeigt den Wunsch nach Lebensqualität an. Damit vermittelt diese Farbe eine gute Mischung zwischen Aktivität und menschlicher Vernunft. Wer Orange wählt, der wählt nicht nur die Farbe der Lebensfreude, also Rot, sondern auch die Farbe der Vernunft, also Gelb.

Orange signalisiert weder Enthaltsamkeit noch Einschränkung. Orange steht auch für Inspiration und Erleuchtung. Wir können also von einer Farbe sprechen, die nie Depressionen oder Trägheit anzeigt. Aber gerade an Depressionen Erkrankte sehnen sich nach dieser Farbe! Diesen kann auch meist geholfen werden, denn sie haben sich selbst noch nicht aufgegeben. Es ist die Hoffnung, die sie trägt.

Die Wertschätzung dieser Farbe hat sich auch auf die Produkte der Natur übertragen. Orangefarbige Früchte, von den Aprikosen und den Orangen bis hin zu den Karotten und einigen Apfelsorten, stehen im hohen Ansehen.

Menschen, die die Pfirsichfarbe lieben, sollen innere Erfahrungen hinter sich haben, die ihr Lebensgefühl positiv wandelten, außerdem sollen pfirsichfarbene Tapeten den Schlaf fördern, und damit die Jugend erhalten – so stand es in einem alten Buch zu lesen. Es ist nicht sicher, daß dies so stimmt, aber es zeigt die Wertschätzung dieser Farbe. Kurz gesagt: Orange erfreut das Herz und damit den Menschen, weil es Lebensmut und geistige Kräfte symbolisiert. Orange kann – dank des Rots – nie so fahl werden wie das Gelb. Aber manchmal beeinträchtigt ein leicht schmutziger Ton diese Klarheit. Dann wirkt die Farbe ohne Glanz, stumpf und abgenutzt. Es weist dann auf eine gewisse Lethargie hin. Dies sieht man oft auf Bildern, die Menschen malen, die sich dadurch von ihren inneren Zweifeln ablenken lassen wollen. Je dunkler das Orange, um so farbloser wirkt es. Beim dunkleren Orange kommt zum Ausdruck, daß die Lebensschatten länger und trüber werden.

Menschen, die die Farbe Orange lieben, sehen das Leben freudig, jedoch mit Vernunft gepaart an. Sie sind voller Zuversicht, aber diese Zuversicht wird nicht von einer kindlichen Naivität getragen, sondern sie ist immer auch ein Produkt des Nachdenkens. Wer Orange liebt, mag die Kultur und ist bemüht, dem Leben einen bestimmten Sinn zu geben. Diese Menschen haben die Voraussetzungen, um eines Tages die Weisheit anzustreben, die aufbauend und nicht negativ auf das weitere Leben einwirkt.

Menschen, die Orange ablehnen, haben es schwer, ihre innere Mitte zu finden. Geistige Interessen mit Lebenslust zu verbinden ist für sie nicht leicht. Ihnen fehlt oft die richtige Sinngestaltung des eigenen Lebens. Diese Menschen brauchen meist eine gewisse Führung, damit etwa das Berufsende nicht gleichzeitig als Lebensende empfunden wird.

Grün, Türkis und Smaragdgrün

Spontane Reaktionen von Seminarteilnehmern auf die Frage, was ihnen zu der Farbe Grün einfällt: *„Frühling, Blätter, Grün ist gut für die Augen, Zufriedenheit, Äpfel, Jäger, Förster, Wald, Efeu, Gifttrank, beruhigendes Dunkelgrün, Erfahrung, zäh und beständig, der Garten Eden, Tarnfarbe, Schlingpflanzen, Grün wuchert und ist nicht zu bremsen."*

Grün ist die Farbe, die am besten geeignet scheint, zielbewußtes und genaues Arbeiten zu unterstützen. Wer sich beruhigen möchte, weil die Farben Rot und Gelb ihn vielleicht zu sehr aufgeregt haben, der braucht nur die Augen zu schließen und sich eine grüne Fläche vorstellen – etwa einen grünen Billardtisch.

Grün ist neben Rot und Gelb die dritte höchst lebendige Farbe, die ebenfalls von hell zu dunkel schattieren kann.

Wo es grünt, da laß dich nieder, denn dort ist Wachstum, dort findet jeder seine Nahrung. Grün bedeutet Lebensqualität, daher läßt es sich für den Gesundheitsbereich mit der Farbe Grün bestens werben. Grün erfreut und gibt realen Lebensmut, wobei Grün auch ein Symbol für reine und gesunde Luft ist. Wo kein Grün ist, da sind auch kaum andere bunte Farben, und fast alle Blüten wachsen aus dem Grün heraus. Nur der Himmel zeigt kein Grün, seine Farben kommen ohne Grün zustande. Wo Grün zu sehen ist, da ist die Hoffnung schon da, beziehungsweise nicht mehr weit; so beflügelt es die Menschen.

Wenn die Hoffnung geht, so sagen die Chinesen, dann geht sie, um ein Grab zu schaufeln. Man sollte sich über das Grün freuen, solange es möglich ist, denn Grün baut auf. Die Werbung mißbraucht heute diese Aussage, ebenso die Politik. Aber das kann nichts daran ändern, daß das Grün eine Mitte darstellt, um die herum gelebt wird. Natürlich wächst das Grün mitunter bis zur Wildnis. Moose und Schlingpflanzen weiten sich in alle Richtungen aus. Es bedarf einer Kultur, um mit dem Grün der Natur fertig zu werden.

Grün ist – bis auf den Himmel – überall. Auf der Erde und im Wasser. Je tiefer das Wasser, um so grüner wird es. Es wächst auch dort, wo kaum noch ein Lichteinfall möglich ist. Als man mitten in der Wüste bei Abu Simbel einen Staudamm anlegte, dauerte es nicht lange, bis an den Ufern dieses künstlichen Sees das erste Grün zu bemerken war.
Es geht also auf der Erde ohne Rot und ohne Gelb, auch ohne Schwarz und Weiß. Es geht aber nie ohne Grün. Gäbe es nicht das Grün, wäre kein Leben auf diesem Planeten möglich.

Je frischer das Grün, um so jünger, je dunkler, um so dauerhafter ist es. Die dunklen Tannennadeln leben länger als die jungen hellgrünen Sprossen und Blätter der Laubbäume. Man möchte sagen, je dunkler, um so reifer. Im dunklen Grün paart sich mit der Hoffnung die Erfahrung.
Die alten Tannenbäume präsentieren das Dunkelgrün zwar am deutlichsten, aber diese Pflanzen sind auch nicht mehr so elastisch wie die mit dem helleren Grün. Das kommt auch zum Ausdruck, wenn etwa gesagt wird, daß man alte Bäume nicht mehr verpflanzen soll. Die Zähigkeit allerdings

nimmt im Alter eher zu. Erstaunlich, was für Stürme die alten Bäume überleben können. Ausdauer, Mut und stete Hoffnung, dies alles sind Signale, die uns die grüne Farbe aussendet. So wurde Grün zur Farbe der andauernden Lebensenergie. Das Rote kann schnell verbrennen, das Gelbe verfliegt leicht, aber das Grüne, das überlebt. Grüne Pflanzen wachsen ständig, aber nicht in den Himmel. Sie wissen, daß dort oben kein Platz für sie ist. Sie gehören zur braunen Erde, womit sie an die Realität gebunden sind. Daher steht Grün auch für das eher Konventionelle oder gar Konservative.

Zu alledem geht von Grün noch eine weitere Botschaft aus. Es ist für alle da, daher wurde Grün auch zur Farbe der Neutralität. Mit Grün auf dem Banner zieht man nicht in die Schlacht. Von Grün geht Friedfertigkeit aus.

Nirgends läßt es sich besser entspannen als in einer grünen Umgebung. Deswegen schufen sich unzählige Laubenbesitzer ihren Garten Eden, wo sie an langen Abenden und am Wochenende ihre Freizeit verbringen. Balkone und Wintergärten werden ebenfalls begrünt, oder es wird sogar ein „grünes" Zimmer eingerichtet.

Grün ist auch die Farbe des Gleichgewichts und daher weder heiß noch eisig. Grün ist auch ohne Emotionen. Es ist ein Symbol für das ständige Geben und Nehmen und symbolisiert somit den ewigen Kreislauf der Natur.

So scheint Grün auf den ersten Blick die „ideale" Farbe zu sein, und die Beziehung zu ihr ist archetypisch in jedem Menschen verwurzelt. Aber sie existiert außerhalb des Menschen! Mit dem Rot – etwa des Blutes – kann sich der Mensch gut identifizieren, auch mit einer schwarzen, weißen, braunen oder gelben Hautfarbe. Nur nicht mit Grün! Das war wohl auch ein Grund, warum man die Marsmenschen oder andere Weltraumwesen als „grüne Männlein" auftreten ließ. Grün kann sich der Mensch zwar kleiden, aber er lebt nicht damit. Wer die grünen Farben liebt, wie die Gärtner oder die Förster, scheint meist sehr naturverbunden zu sein.

Auch die Farbe Grün besitzt viele Variationen und Nuancen. Wird das Grün zu dunkel, wirkt also das Schwarz sehr kräftig durch, dann geht vom Grün auch eine Beängstigung aus. Man denke nur an ein dunkles Moor, an den grünen Morast, an das Grün, das zum

Kompost wird. Es wirkt dann gallig und abstoßend. Auch spricht man oft von der giftgrünen Wirkung, womit man die Giftpflanzen meint, die schädigend, ja sogar tödlich sein können. So bekommt manches Grün etwas Heimtückisches, was durch die eher schmutzigen Schattierungen symbolisiert wird. Auch manche Tiere können sich im Grünen gut tarnen und sind dadurch um so gefährlicher. So hat auch Grün, wie alle anderen Farben, zwei Seiten. Der Volksmund spricht sogar davon, daß zu dunkles Grün von Betrug und kriecherischem Verhalten zeugt. Dieser Glaube mag wohl aus dem Mittelalter stammen, als die am Boden entlangwachsenden und nicht emporrankenden Schlingpflanzen den Gartenbau sehr behinderten.

Grün ist auch eine Tarnfarbe. Viele Eingeborene in Australien und Afrika färben sich ihre Gesichter, um so in den Büschen der Urwälder eine fast lückenlose Deckung zu finden. Heute gilt dies auch für die Soldaten moderner Armeen, die sich mit grünen Blättern und Zweigen tarnen.

Menschen, die die Farbe Grün lieben, sind eng mit der Natur verbunden. Sie sind ganz auf das natürliche Wachstum ohne Experimente ausgerichtet. Sie wissen aber auch, daß die eigentliche Krise beginnt, wenn das Grüne um uns herum zerstört wird. Wer Grün mag, der schätzt die Toleranz, der weiß, daß die Menschen zusammenhalten müssen. Grün ist zwar das Symbol der Hoffnung, aber da das Grün dieser Erde auf einer langen Tradition beruht, darf das Bestehende nicht einfach weggeworfen werden.

Menschen, die mit der Farbe Grün nicht viel anfangen können, haben kaum eine Beziehung zu ihrer natürlichen Umgebung. Sie sind dem Fortschrittsglauben und der Technik verhaftet und erheben sich über das Natürliche.

Türkis

Türkis ist eine Mischung von viel Grün und etwas Blau. Sie besteht also aus den Farben, die einerseits die Hoffnung (Grün), aber andererseits auch den Himmel (Blau) verkörpern. Kein Wunder, daß diese Mischung zu einem besonderen Symbol wurde: zu der Farbe der Heilung. Dabei ist es erst einmal unwichtig, ob dies begründet ist oder nicht. Immer noch raten viele Heilende (nicht zu verwechseln mit den Ärzten), im Umgang mit Kranken recht viel türkisfarbene Stoffe zu tragen. Türkis ist eine kühlere Farbe als Grün. Es ist die Farbe der Erwartungen, weil mit ihr noch mehr innige Hoffnung verbunden wird als mit Grün allein.

Türkis soll in erster Linie ein strapaziertes Nervensystem beruhigen und den Streß besiegen. Richtig ist, daß Türkis nicht aufputscht. Viele Frauen tragen gerne Schmuck mit Türkis oder einen türkisfarbenen Schal.

Aber die Heilwirkung dieser Farbe wird sicher sehr überschätzt; man kann auch von einer Placebofarbe sprechen. Das ist bei psychosomatischen Erkrankungen eine große Unterstützung der Heilkraft, darf aber nicht auf schwere Erkrankungen übertragen werden.

Manche, die meinen, die Aura sehen zu können, oder die sich darauf verstehen, Aurafotografien zu deuten, lassen das Türkis außer acht; sie beschränken sich auf ein blaueres Grün oder ein grüneres Blau.

Aber in der Farbpsychologie verdient diese Farbe doch besondere Beachtung, und es ist erstaunlich, wie häufig sie gewählt wird. Je mehr Erfahrungen die Menschen gewonnen haben, um so wichtiger wird für sie die Farbe Türkis. Verständlich, daß der Edelstein Türkis immer begehrter geworden ist.

Menschen, die Türkis lieben, streben geistig in die Höhe, ohne dabei den Boden unter den Füßen zu verlieren. Sie sind voller Hoffnung, bauen aber in ihre Hoffnungsbestrebungen ihre eigenen Erfahrungen mit ein. Sie waren vielleicht mal Idealisten, aber sie haben gelernt, daß für sie kein Baum bis in den Himmel wächst. Türkis als Lieblingsfarbe sagt aus, daß man das Geistige liebt, nicht sehr materiell eingestellt ist und eher eine Beziehung zum religiösen Glauben hat. Selbst wenn man schon viel im Leben erreicht hat, fühlt man sich nie so, als wäre man bereits am Ziel angekommen.

Menschen, die Türkis ablehnen, sind selten. Diejenigen, die sich eher neutral eingestellt zeigen, sind Realisten, die erst einmal alles vom Verstand her begreifen wollen. Sie schirmen sich auch gegen das eigene Innere ab, weil „alles sowieso seinen Gang geht". So neigen sie häufig zu einem gewissen Fatalismus, der oft auch als Ausrede für das Scheitern der eigenen Pläne herhalten muß.

Smaragdgrün

Smaragdgrün ist wie das Indigo eine hervorzuhebende Farbe, die nicht als eine der Hauptfarben bezeichnet werden kann. Smaragdgrün ist eher im archetypischen Sinn bedeutsam, denn die Nennung dieser Farbe geht auf eine der ältesten Traditionen zurück. Es war der ägyptische Gott für Gelehrsamkeit, Hermes Trismegistos (er ist heute noch für die esoterische Szene bedeutungsvoll, obwohl seine reale Existenz nicht bewiesen ist), der seine Lehrsätze auf smaragdgrüne Tafeln schrieb. Seine wichtigste Erkenntnis war, daß „das Unten wie das Oben" sei. Ohne diesen Schlüsselsatz wäre beispielsweise die Astrologie nie weltweit so wichtig geworden. Mit dieser Erkenntnis, die sich auch umgekehrt formulieren läßt, daß „das Oben wie das Unten" sei, waren die Erde und alle Sterne und Planeten (dazu gehören im esoterischen Sinn auch Sonne und Mond) im Kosmos eingeordnet. Die smaragdgrünen Tafeln, die man nie gefunden hat, wurden so zu den Gesetzestafeln schlechthin. Die Thesen des Hermes Trismegistos sollten für alle Zeiten gelten. So wurde das Smaragdgrün zu einem Symbol für die Ewigkeit. Der smaragdgrüne Edelstein

wurde ein fast „heiliges" Schmuckstück, der den Trägern Segen bringt, aber auch Unheil herbeiruft, wenn er in die falschen Hände gerät.

Von daher mag es kommen, daß das Grün auch als Unglücksfarbe angesehen wird. Menschen, die die Farbe Smaragd bevorzugen, wollen hoch hinaus, und viele von ihnen spüren in sich außergewöhnliche Kräfte.

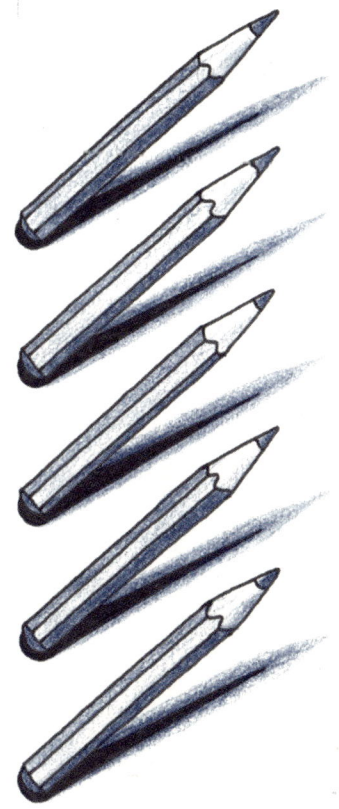

Der Kelch

Zweiter Zwischentest

Folgende Farben sind bis jetzt vorgestellt worden: *Schwarz – Weiß – Grau – Silber – Rot – Gelb – Gold – Orange – Grün – Türkis – Smaragdgrün.* Das sind elf Farben (die Hälfte unserer zweiundzwanzig Farben), und nur mit diesen soll der **„Kelch"** ausgemalt werden. Der Test dient dazu, daß das Denken und das Fühlen in Farben selbstverständlich wird.

Woher kommt die Bezeichnung Kelch? Nun, oft bietet das Leben etwas an, das uns zweischneidig erscheint. Also: man merkt schnell, daß alles zwei Seiten oder zwei Geschmacksrichtungen hat. Oft bleibt dann ein Rest zurück, der bitter schmeckt.

Aufgabenstellung

Es werden sechs Farben benötigt. Dabei kann die eine oder andere Farbe durchaus mehrfach verwendet werden.

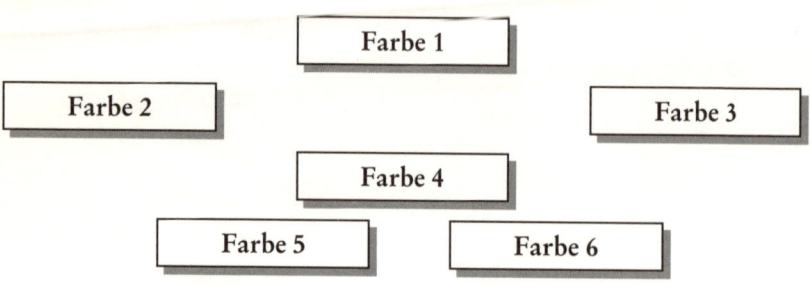

> *Die Farben werden nach folgendem Muster ausgewählt:*
> **Farbe 1:** Der Schluck, den das Leben anbietet.
> **Farbe 2:** Das Positive am Schluck.
> **Farbe 3:** Das eher Negative am Schluck.
> **Farbe 4:** Der Rest, der zurückbleibt und bitter schmeckt.
> **Farbe 5:** Die Kraft, das Bittere zu überwinden.
> **Farbe 6:** Die Verpflichtungen, die stets vorhanden sind.

Die Felder sollten in der Reihenfolge der Zahlen ausgemalt werden. Es ist gut, zu Beginn den Schluck des Lebens durch Farben zu bestimmen und die Ausmalung mit den stets vorhandenen Verpflichtungen zu beenden, die in der Realität alle Pläne, Wünsche und Sehnsüchte umgeben.

Erstes Beispiel

Ein äußerst erfolgreicher Geschäftsmann stand vor dem Problem, was er mit seiner Ruhestandszeit anfangen könne. Sein Spezialgebiet war die moderne Technik, und sein technisches Wissen trug dazu bei, daß er so erfolgreich sein konnte. Aber nun näherte sich die Zeit des Abschieds. Er ertappte sich manchmal dabei, daß ihn seine Berufstätigkeit nicht mehr faszinierte. Auch drängte die Jugend nach, um seine Aufgaben zu übernehmen. Da kam ein Angebot, das er als Schluck des Lebens betrachtete. Er sollte noch für vier Jahre ehrenamtlich Vorlesungen an technischen Hochschulen halten. Hier sein Bild:

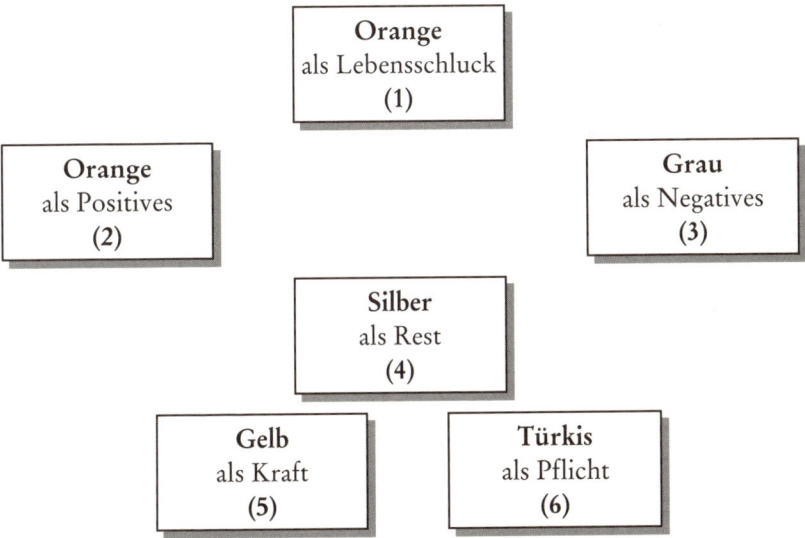

Beurteilung

Unser Geschäftsmann ist über das Angebot, weiterhin in führender Position tätig sein zu können, überglücklich. Das Nicht-so-Gute an diesem Schluck ist, daß er damit zwar geehrt, aber doch in den Hintergrund gedrängt werden würde. Der Rest, der bitter zurückbleibt, wird durch die Farbe Silber gut symbolisiert: Anerkennung, aber Abschiebung auf eine hintere Position. Die Kraft, damit umzugehen, wird durch Gelb gut ausgedrückt (erfahrene Geistigkeit), während Türkis an die Pflicht der eigenen Weiterentwicklung erinnert.

Der erfolgreiche Mann nahm den Lehrauftrag an. Er ging damit bewußt ins zweite Glied zurück und gewann völlig neue Erkenntnisse, die ihn mit viel Freude erfüllten. So steuerte er auf einen interessanten und wirklich neuen Lebensabschnitt hin.

Zweites Beispiel

Sie war eine sehr gute und daher auch erfolgreiche Apothekerin. Ihr Geschäft lag zwar recht ungünstig, aber es war immer voller Patienten und Kunden. Was überhaupt nicht klappte, war ihre Personalführung. Die Apothekerin stellte nur Hilfs- oder Nachwuchskräfte ein, angeblich, weil es gute Kräfte waren. In Wahrheit aber wollte sie die einzige sein, die alles wußte. Unbewußt fürchtete sie die Konkurrenz im eigenen Geschäft. Sie wurde älter, aber sie konnte es sich nicht leisten, auch nur einige Stunden später zu kommen oder früher zu gehen. Die verwöhnte Kundschaft meuterte sofort. Als sich eine gute Apothekerin um eine Stellung bewarb, malte sie den Farbkelch folgendermaßen aus:

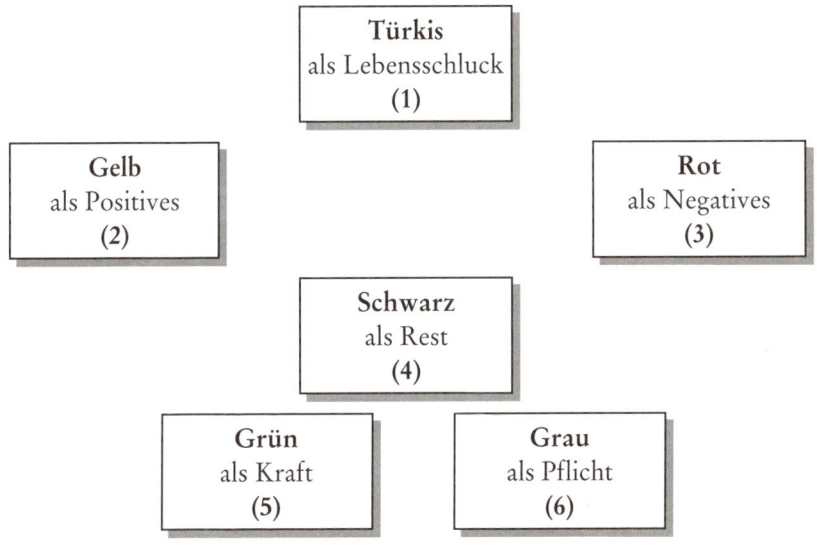

Türkis
als Lebensschluck
(1)

Gelb
als Positives
(2)

Rot
als Negatives
(3)

Schwarz
als Rest
(4)

Grün
als Kraft
(5)

Grau
als Pflicht
(6)

Beurteilung

Die Apothekerin sieht also diesen Schluck zunächst als sehr hoffnungsvoll an (Türkis). Gelb signalisiert die geistige Freiheit, die sie dadurch gewinnen könnte, während Rot „Achtung Gefahr, Achtung Konkurrenz!" anzeigt. Der Rest, der als bitter zurückbleibt, ist Schwarz, was hier bedeutet, daß ihr Glanz eventuell verblassen könnte. Aber dies war ja mit Hoffnung (Grün) zu überwinden, denn Konkurrenz spornt an und gibt neue Kraft, womit dann auch die „grauen" Pflichten, zum Vorteil aller, gut gemeistert werden können.

Natürlich wird so ein Test nicht in dieser Schnelligkeit absolviert. Nach jedem Ausmalen eines Kästchens werden ernsthafte Gespräche geführt, wie wir dies später im Praxisteil noch deutlicher vorstellen werden.

Blau bis Bunt

Blau und Indigo

Spontane Reaktionen von Seminarteilnehmern auf die Frage, was ihnen zu der Farbe Blau einfällt:

„Ruhe, Unendliches, Sehnsucht, Himmel, Wasser, Treue, dienendes Blau, das Blau der Könige, Farbe der Distanz."

Die Farbe Blau wurde für die Malerei erst sehr spät verwendet. Die ersten Höhlenmalereien etwa kennen kein Blau, da der blaue Farbstoff auf natürlichem Weg äußerst schwer zu gewinnen war. Allein dadurch bekam er einen besonderen Wert. Eine Pflanze aus der Gattung der Kreuzblütler, die man später in Europa intensiv anbaute, ermöglichte, durch Vergärung des Stengelmaterials, eine bläuliche Farbe zu gewinnen. Diese Farbe bezeichnete man noch im vorigen Jahrhundert als Indigo. Vorher waren es Pflanzen aus dem ostasiatischen und indischen Raum, die für die Blaufärbung Verwendung fanden. Auch im alten Ägypten kannte man die seltene Kunst der Blaugewinnung.

Dadurch, daß Blau so schwer zu gewinnen war, hatte es einen besonders kostbaren Stellenwert. Dieser materielle Wert wurde noch dadurch unterstrichen, daß Blau die Farbe des Himmels und, wenn auch nicht ganz so deutlich, die Farbe des Wassers war. Beide Elemente, die Luft des Himmels und die Tiefe des Wassers waren jedoch auch Symbole für Distanz und Kühle.

Da man Wasser als das Element ansah, aus dem alles geboren wurde und erwuchs, und den Himmel als Geburtsstätte der Seele bezeichnete, kam man zu dem Schluß, daß das Körperliche aus dem Wasser und das Seelische aus dem Himmel entstehe. So wurde der Wert der Farbe Blau für die Farbpsychologie noch mehr gesteigert.

Der Planet Erde wird als blauer Planet bezeichnet, weil über zwei Drittel der Erde mit einer Wasseroberfläche bedeckt sind. Aufnahmen von Satelliten unterstreichen dieses beeindruckende Bild. Ohne Wasser wäre ein fruchtbares Wachstum auf der Erde nicht möglich, auch wenn Blau als Farbe der Fruchtbarkeit hinter der Farbe Grün zurücksteht.

Der Volksmund spricht davon, daß das Blau die Farbe der Treue ist und meint wohl damit, daß treue Partnerschaften vom Himmel gesegnet sind. Während das Rot die Farbe der leidenschaftlichen und erotischen Liebe ist, steht die Farbe Blau für die geistige und seelische Bindung. Diese ist für den Bestand einer Partnerschaft wichtiger als die Leidenschaft. Blau ist die „höhere" Liebe. Wie heißt es in einem alten Sprichwort so schön: „Wenn die Seele nicht mitspielt, nutzt die glühendste Leidenschaft nichts." Im praktischen Leben wird blaue Kleidung gerne getragen, wenn man einen guten und zuverlässigen Eindruck machen möchte. So bevorzugen sowohl führende Politiker als auch Kundenbetreuer von Versicherungen und Banken die Farbe Blau. Mit Blau kann unter diesem Gesichtspunkt nur noch Grau konkurrieren. Blau steht für die Beständigkeit, während Rot im täglichen Leben verhältnismäßig schnell verblassen kann. Je dunkler das Blau, um so mehr Reife und Erfahrung wird diesem Symbol zugeschrieben.

Daher galt einst auch das Dunkelblau als Farbe des Heilens. Heute schreibt man diese Kraft eher dem Türkis zu. Blau ist aber immer noch für den geistig-seelischen Bereich zuständig. Da in dieser Farbe der Himmel vorhanden ist, überstrahlt es zum Beispiel bei Glasfenstern in Kirchen alle anderen Farben. Dadurch bekommt der Innenraum eine Atmosphäre der Ruhe und Besinnlichkeit, und die Gläubigen fühlen sich mehr mit dem Himmel verbunden. Kirchen, in denen das Blau nicht vorherrscht, haben längst nicht diese besondere Atmosphäre, sie wirken daher oft etwas nackt. Die Kirchenbesucher spüren dies, ohne ihren Eindruck genau erklären zu können.

Blau ist eine hervorragende Hintergrundfarbe. Man sieht das besonders eindrucksvoll am nächtlichen, dunkelblauen Sternenhimmel. Vor diesem Hintergrund glitzern die silbernen Sterne einmalig schön, und mit zu dem schönsten Festpapier zählen dunkelblaue Bögen mit silbernen Sternen.

Blau beruhigt noch mehr als die Farbe Grün und bringt uns tiefen Schlaf. Als eine Schulklasse aufgeregte Menschen zeichnen sollte, war kein einziger dieser Menschen blau gekleidet. Es fällt auch extrem schwer, sich unhöfliche, laute, leicht aufbrausende Menschen in blauen Anzügen vorzustellen. Blau gibt Ruhe und Zuversicht, weil es auch für Ungläubige die Farbe des symbolischen Himmels ist.

Wie schon ausgeführt, ist auch auf Gemälden die Mutter Gottes meist in Blau dargestellt. Blau war immer eine Farbe der Hochschätzung, wenn auch aus dem banalen Grund, daß sie einst sehr selten und teuer war. Der Ausdruck: „In dessen Adern fließt blaues Blut!" galt einst als ehrfürchtige Anerkennung.

Menschen, die die Farbe Blau lieben, streben nach Ausgeglichenheit. Sie fühlen sich im Kosmos eingebunden, sind selten wurzellos und finden selbst in schwierigen Situationen immer wieder Halt. Sie sind gläubig, ohne damit unbedingt religiös zu sein. Sie streben nach seelischer Festigkeit. Diese Menschen finden Loyalität selbstverständlich, und sie sind der Überzeugung, daß man einander immer zu Hilfe kommen sollte. Krankheiten meistern sie, was die seelische Variante angeht, meist leichter als andere, weil ihnen ihr Glauben Zuversicht gibt.

Sie wirken allerdings oft cool. Sie sind nicht kumpelhaft eingestellt. Sie mögen weder das Auf-die-Schulterklopfen noch ewige Umarmungen, wenn man sie begrüßt oder nach einem längeren Zeitraum wiedersieht.

Menschen, die die Farbe Blau eher ablehnen, haben ihre Mitte noch nicht gefunden, sie sind noch auf der Suche. Meist lieben diese Menschen Rot, was bedeutet, daß sie noch mit Leidenschaften zu ringen haben. Menschen, die die Farbe Blau ablehnen, sind noch sehr jung, was jedoch nichts mit dem Alter zu tun hat, sondern etwas mit der innere Reife.

Indigo

Der Ursprung der Indigofärberei kommt aus dem indischen Subkontinent. In Griechenland nannte man diese Farbe einst „das Indische".

In den alten Kulturländern von Pakistan über Babylon, dem Reich der Assyrer und dem alten Ägypten wurde diese sehr teure und wertvolle Farbe sehr geschätzt. Indigo wurde schnell als Königsblau und Nachtblau bekannt, und nur Auserwählte konnten sich das Tragen von indigogefärbten Stoffen leisten (ähnlich wie beim Purpur). Heute, da die Indigofarbe synthetisch herstellt wird, ist sie zu einer Massenfarbe herabgesunken. Es mag wie ein Witz der Weltgeschichte erscheinen, daß die einstige Farbe der Könige heute von denen getragen wird, die zum Königlichen kaum eine Beziehung haben. Der Werteverfall alter Traditionen wurde durch das Tragen von Bluejeans besonders deutlich.

Menschen, die die Indigofarbe lieben, fühlen sich als etwas Besonderes. Sie wollen mehr sein als der Durchschnitt. Sie streben nach Zielen, die aus dem Alltag hinausführen. Wenigstens auf einem Gebiet wollen sie Hervorragendes leisten. So frei und modern diese

Menschen sich auch geben mögen, sie haben immer eine starke Traditionsbeziehung.

Menschen, die das Indigo eher ablehnen oder nicht beachten, ringen noch um ein Kunst- und Kulturverständnis. Sie blicken nie zurück, sondern immer nur nach vorn, ohne zu wissen, daß die Zukunft nur aus der Vergangenheit heraus gestaltet werden kann.

Violett und Purpur

Im Violett vereinigen sich grundsätzlich die rote und die blaue Farbe in verschiedenen Nuancen. Aber man kann im Violett auch den gelben Farbton finden wie andere mehr. Doch die Konzentration liegt auf Blau und Rot, also auf Kühle und Leidenschaft, auf Distanz und Feuer, auf Himmel und Blut.

Diese Farbe wurde immer als Farbe der Wandlung bezeichnet, weil in der Jugend meist das Rote, im Alter mehr das Blaue bevorzugt wird. Es ist eine Wandlung in die Reife hinein. Grob gesagt: Wandlung vom Primitiven zum Kulturellen. Wandlung erfolgt aber immer nur über eine Suche. So wurde Violett auch die Farbe der Suchenden. Das mag erklären,

warum in der esoterischen Szene diese Farbe so bevorzugt wird. Esoteriker gehen auf die Suche nach innen. Aber wie alles ist auch dies ein wenig zur Masche geworden, denn auf esoterischen Messen erblickt man fast nur noch Gestalten, die sich violett-lila kleiden. Von der Historie her ist das völlig in Ordnung. Violett war einst die Farbe der Alchimisten, vor allen derjenigen, die mit der Alchimie mehr wandeln wollten als Blei zu Gold. Die Adepten, wie die Alchimisten auch genannt wurden, wollten innere, nicht materielle Werte wandeln, sie wollten – symbolisch natürlich – das Blut zum Himmel leiten.

Violett gilt folglich auch als Farbe der geistigen Entwicklung und der erfahrenen Erkenntnis. Manchmal wird sie auch als Symbol der Inspiration oder gar der Hellsichtigkeit bezeichnet.

Im Mittelalter galt sie sogar als Opferfarbe. Der Grund mag gewesen sein, daß das irdische Blut nur über Opfer und Tod zu den himmlischen Göttern gelangen konnte. Violett ist die Farbe der geistig ausgerichteten Religiosität. Mit ihr steigt der Mensch empor.

Aber hinter dieser Farbe verbergen sich auch manche Geheimnisse, die oft einfach nur Geheimnistuereien sind. Doch große Geister lebten sehr intensiv mit diesen Inspirationen, wie man es etwa von Richard Wagner weiß. Der Komponist soll seine Wohnung überwiegend violett ausgestattet haben, und auch der italienische Maler und Bildhauer Leonardo da Vinci bevorzugte diese Farbe.

Wenn ein Sonnenauf- oder -untergang eine leicht violette Färbung bekommt, dann gilt dies als besonders eindrucksvoll. Aber es ist eine Farbe, die weniger in die Natur führt als in die Studierstube der Künstler und Philosophen. Violett soll unsere seelischen Kräfte aktivieren.

Menschen, die die Farbe Violett bevorzugen, sind voller Inspiration. Es sind Personen, die nach innen horchen und die für die Mystik sehr zugänglich sind. Sie wünschen sich, daß Seele und Geist eine Einheit werden.

Wer dagegen Violett ablehnt, dem ist alles nicht real Faßbare unheimlich. Diese Menschen wollen klare Farben, das heißt klare Verhältnisse. Sie wollen Blau oder Rot und keine Mischung aus diesen beiden Farben. Diese scheint ihnen mehr für eine Maskierung geeignet.

Purpur

Die Mischung Rot und Blau ergibt die Farbe Purpur, wobei der Rotanteil überwiegt. Purpur war eine genauso wertvolle Farbe wie Indigo, weil der Stoff, um Kleider und Steine mit Purpur zu färben, sehr schwer zu gewinnen war. Purpur wird auch als naher Verwandter des Indigos bezeichnet.

Eine Legende erzählt, daß der Schäferhund eines phönizischen Gottes nach dem Biß in eine Schnecke ein rotgefärbtes Maul bekam. Mit diesem Rot wurde dann ein Tuch gefärbt: das Purpur war entdeckt. Seitdem galten Stoffe aus Purpur als die Königskleidung, zumal neben ihrer Seltenheit die ungewöhnliche Leuchtkraft dieser Farbe eine wichtige Rolle spielte. Bei Homer kann man nachlesen, daß die Helden Agamemnon, Odysseus und Achill ebenfalls Purpurmäntel trugen.

Im alten persischen Reich wurden Purpurstoffe als besondere Ehrung verliehen. Die so Ausgezeichneten nannte man die „Purpurati".

Zirka 1500 Jahre vor der Zeitrechnung entdeckten die Phönizier, daß eine bestimmte Meeresschnecke an der Wand ihrer Atemhöhle einen farblosen Schleim absondert, der sich auf Stoffen in eine tiefviolette Färbung wandelt. Eine Schnecke konnte nur sehr wenig Schleim geben, also wurden unzählige Schnecken benötigt, um die Purpurfarbe zu gewinnen. In Rom durften im Altertum nur Zensoren und siegreiche Generäle purpurne Gewänder tragen. Noch heute gehen die Generalstreifen der Militärs auf diese Tradition zurück. Der von sich besessene Kaiser Nero ordnete sogar an, daß nur die göttliche Person des Kaisers Purpur tragen dürfe.

Später eigneten sich kirchliche Würdenträger die Purpurgewandung an, womit ein stolzer Machtanspruch deutlich wurde. Aber es nur so zu sehen, wäre zu oberflächlich, denn Violett und Purpur wurden auch mit der Auferstehung in Verbindung gebracht. Das Wort Violett bedeutet „Ewiges Leben", womit sich der Kreis zu den Esoterikern wieder schließt. Das Purpur war ein Signal für menschlichen Geist, der den Odem Gottes erfahren wollte. Purpur hat eine etwas unheimliche Ausstrahlung und steht nur ganz wenigen Personen. Wer sich diese Farbe anmaßt, ohne ihrer würdig zu sein, den kleidet sie schlecht.

Menschen, die Purpur lieben, sind voller Geist und voller Sehnsucht nach tiefer Inspiration. Sie horchen intensiv nach innen, zeigen eine gewisse Reife und eindeutige Führungsqualitäten. In der Regel strahlen sie eine angeborene oder erworbene Würde aus. Sie wissen, welchen Wert sie haben, und sie lassen sich nicht so leicht unterdrücken. Wer Purpur schätzt, ist auf die Liebe zu anderen Menschen, aber weniger auf bestimmte Personen ausgerichtet.

Wer Purpur ablehnt, der beansprucht im geistigen Sinn sicher keine Führungsposition. Mit ihm über Seele, Auferstehung, Karma und Weiterleben zu diskutieren dürfte recht sinnlos sein. Meistens sind diese Menschen auch nicht wirklich religiös und lassen sich mehr aus Berechnung sonntäglich in der Kirche sehen. Die Realität der Macht erkennen sie an, weniger den Geist, der dahinter steht.

Braun und Bronze

Spontane Reaktionen von Seminarteilnehmern auf die Frage, was ihnen zu den Farben Braun und Bronze einfällt: *„Erde, Schmutz, Kot, Bär, Spatz, Schokolade, Moor, Stamm eines Baumes, Braunkohle, Saturn, Holz, Wärme, Geborgenheit, sonnengebräunte Haut, Farbe der Kraft, Stabilität."*

Die Farbe Braun ist eine Mischfarbe, die der Erdfarbe am meisten entspricht. Dabei ist die Erde gemeint, die noch nicht unfruchtbar ist wie die Wüste. Es ist die Erde, die uns Nahrung spendet. Braun gilt als materielle Farbe. Aber das muß man differenziert sehen, denn das Wort Materie stammt vom Wort „mater" = Mutter ab, und Material heißt daher Mutterstoff.

Die Erde ist also unser Mutterstoff, aus dem auch der erste Mensch geschaffen wurde. Die Mutter Erde trägt nicht nur Früchte, sondern sie bewahrt auch, was in ihr lebt. Sie bewahrt die Wurzeln und die Saat vor Frost oder Hitze, vor einer Flut oder vor dem Austrocknen. Die Erde behütet alle Schätze.

Daher steht die Farbe Braun auch für das Bewahrende, das Schützende, für die Beständigkeit und für die Zuverlässigkeit. Das Braune fließt nicht davon. Es hält die Wohnsitze der Menschen fest, wenn Fluten das Land verschlingen wollen. Mit der Erde ist jedes Feuer zu ersticken, und selbst ein Orkan vermag sie nur kurzfristig und in kleinen Mengen wegzuwehen. Zur Erde müssen übrigens auch die Steine gerechnet werden. Braun ist also das Symbol für Dauerhaftigkeit, damit jedoch auch Ausdruck für ein gewisses phlegmatisches Beharren auf seinen Standpunkten. Die Mythen der Astrologie hatten einst den Saturn mit der Farbe Braun in Verbindung gebracht, was für feste, konzentrierte und auf das Wesentliche beschränkte Beständigkeit steht. Aber Saturn kann durchaus auch mit dem Tannengrün symbolisiert werden.

Grün und Braun gehören zusammen, da erst aus der brauen Erde das Grün herauswachsen kann. Aber wenn man Braun und Grün mischt, ergibt das einen giftigen Farbton. Man muß daher beide Farben zwar zusammen und doch wieder getrennt sehen. Daher wird das Erdelement in der Astrologie auch durch die Farbe Grün symbolisiert.

Braun ist ferner die Farbe des Holzes, und zwar in allen Schattierungen. Gerade hier wird deutlich, was tatsächlich überlebt: das Braune am Baum oder Strauch nämlich. Das Grüne, das da herauswächst, das stirbt ab und muß immer wieder neu sprießen. Weil Holz einst so beständig schien, wurde es zum ersten Baustoff der Menschen. Aus Holz bauten sich unsere Vorfahren Hütten und später Häuser. So wurde die Farbe

Braun und Bronze

Braun auch zum Symbol des Schutzes und der Sicherheit. Kurz: auf Braun ist in vielerlei Hinsicht Verlaß. Es ist keine Signalfarbe, die auffällt oder die glänzt (bis auf Bronze). Braun ist unauffällig, aber solide. So signalisiert diese Farbe auch eine geballte, jedoch nie ausufernde Energie. Sie verspricht keine überschwenglichen Emotionen, aber eine feste Grundstimmung und absolute Zuverlässigkeit. Braun aussehen heißt gesund aussehen, das gilt besonders für die weiße Rasse. Das ist zwar völlig falsch, aber doch die überwiegende Meinung unserer Mitbürger. Die lassen sich bräunen, wo sie nur können, ob im Sonnenstudio, im Garten oder im Urlaub. Früher war das anders. Im Gegensatz zu den Menschen, die im Freien ihre Arbeit verrichteten und somit zwangsläufig braun wurden, verhielten sich die sogenannten Vornehmen im wahrsten Sinne des Wortes „blasiert". Viele puderten ihren Teint sogar noch mit weißem Puder ab, um ja als vornehm und edel zu gelten. So wollten sie sich von der arbeitenden Bevölkerung unterscheiden. Heute wollen alle „braun" sein. Sieht jemand blaß aus, folgt unweigerlich die Frage, ob es ihm schlechtgehe. Dabei ist es eher gesundheitsschädlich, sich

zu viel und zu oft der Sonne auszusetzen.

Andererseits bräunen sich heute viele Menschen durchaus auch aus materiellen Gründen, weil sie nur dann unbesorgt ihrer Arbeit nachgehen können, wenn sie gesund erscheinen. Die Farbe Braun vermittelt auch hier – obwohl nicht immer richtig – Sicherheit.

Für Kinder ist die Farbe Braun ebenfalls sehr anziehend, denn die beliebteste Stoffigur ist und bleibt der Teddybär. Auch zu den anderen braunen Tieren hat man Vertrauen, wie zum Beispiel zum Reh oder zum Mecki-Igel.

Der Mensch wird wieder zu Erde, von der er hergekommen, so heißt es in der Bibel, und so bestattet man die Menschen auch in der braunen Erde. Es ist ein Symbol für den großen Kreislauf. Sicher ist die Farbe Braun in ihrer Ausstrahlung eher konservativ.

Wer Braun trägt, der fällt kaum auf. Braun schützt vor Neugierde. Es ist eine Deckfarbe, und hinter der braunen Fassade können sich durchaus Laster und vorhandene Lüste verstecken, die auf keinen Fall nach außen dringen sollen. Aber dies sind eher die Ausnahmen.

Die meisten Mönchskutten sind braun. Einmal ist diese Farbe als Symbol bescheiden, dann aber auch unempfindlich, das Praktische kommt mit braungefärbten Stoffen durchaus zu seinem Recht.

Menschen, die Braun lieben, ziehen zunächst eine gewisse innere wie äußere Sicherheit vor. Sie suchen den Schutz, um nach der Arbeit Ruhe und Harmonie zu finden. Sie sind treu und beständig, ohne lodernde Emotionen. Aber sie können durchaus leidenschaftlich sein, wobei der Leidenschaft immer gewisse Vernunftsgrenzen gesetzt sind. Gesundheit wird großgeschrieben, daher neigen diese Menschen selten zu Übertreibungen. Sie sind hilfsbereit, wenn auch mit dem Hintergedanken, daß ihnen das eines Tages vergolten wird.

Menschen, die Braun ablehnen, haben kein großes Sicherheitsbedürfnis. Sie sind schwer zu berechnen, und ihre Verläßlichkeit dürfte nicht allzu groß sein.

Bronze

Bronze kann auch als glänzendes Braun bezeichnet werden. Sie ist im Vergleich zu Gold und Silber bescheiden. Die Bronzemedaille zu gewinnen gleicht eher einem Trostpflaster. Dafür ist die Bronze auch nicht so herausfordernd wie Silber oder Gold. Man steht nicht im Mittelpunkt, ist aber auch wiederum nicht zu übersehen. Bronze zeigt an, daß jemand aus der Masse herausragen möchte, ohne dabei zu sehr aufzufallen.

Bronze hebt nie so ab wie Gold, aber wer sich für Bronze entscheidet, der kennt seinen Wert und lebt nicht in der Gefahr, sich zu überschätzen. Bei einer Sportmannschaft geben die Bronzegewinner den Gold- und Silberverdächtigen den Halt. Sie arbeiten, so kann man sagen, mannschaftsdienlich. Bronze als Metall ist eine Legierung aus Kupfer und Zinn, farblich ist es eine Mischung aus Gelb und Braun. Gelb gibt das Geistigglänzende, was die Bronze so ansehnlich macht.

Menschen, die Bronze als Farbe besonders schätzen, sind Realisten, die ihre Erdverbundenheit nie leugnen, die sich aber doch von der Menge abheben wollen. Meist werden sie unterschätzt, weil sie keinen Wert darauf legen, ständig im Mittelpunkt zu stehen.

Menschen, die Bronze ablehnen, sind oft unbescheiden, weil sie nach Gold streben. Sie möchten auf dem höchsten Podest stehen.

Beige, Sand und Safari

Diese drei Farben sind helle Mischfarben, vom Hellbeige übergehend zu Sand und schließlich zu Safari. Braun und Gelb geben hier den Ton an. Es sind überwiegend Modefarben, die bequem zu tragen sind, da sie problemlos mit allen anderen Farben kombiniert werden können. Außerdem sind es bescheidene Farben, die bei jedem Chic, etwa dem Kleiderschnitt oder modischen Verzierungen, zurückstehen.

Beige drückt eine Kombinationsvielfalt aus. Menschen, die Beige sehr gerne mögen, sind meistens sehr anpassungsfähig und versuchen gleichzeitig neutral und doch immer hilfsbereit zu sein. Es sind Menschen, die das Licht suchen, ohne sich verbrennen zu wollen. Bösartig kann man sie auch als Opportunisten bezeichnen. Aber das Helle, das sie suchen, strahlen

sie meist auch von innen aus. Es fehlt der Mut zur Farbe. Trotzdem wirkt diese Farbe elegant. Sie wird auch oft für teure Stoffe gewählt, weil es hier auf die Grundsubstanz, also auf das Material ankommt. Die Verbindung von etwas Braun mit viel Gelb ist ein Zeichen für erdhafte Intelligenz, wobei sich das Denken mehr auf das eigene Umfeld beschränkt. Große Dimensionen werden hier sicher nicht angesprochen, dafür wird aber auf kultiviertes Erleben starker Wert gelegt. Innere Bescheidenheit hat nichts mit Komplexen irgendwelcher Art zu tun. Daher wäre es gefährlich, diese Menschen zu unterschätzen, denn sie haben viele Freunde und Beziehungen.

Die Farbe **Sand** ist dunkler als die Farbe Beige. Bei Sand kann man an die Wüste denken, an den Strand der Nordsee oder vielleicht auch an die Kinderbuddelkisten in den Städten. Sand bietet viele Farbnuancen. In ihr ist mehr Braun enthalten als im Beige, wo eher der Farbton gelb/weiß vorherrscht. Trotzdem kann auch Sand als neutrale Farbe bezeichnet werden. Zwar paßt sie sich nicht mehr ganz so leicht an wie Beige, aber diese Farbe läßt sich noch gut mit anderen kombinieren.

Aber man sollte sehr vorsichtig sein, wenn es darum geht, Menschen nach ihren Kleiderfarben zu beurteilen. Heute bestimmt das „In-Sein" weitaus mehr als früher. Das weist selbstverständlich auch auf eine Charaktereigenschaft hin: Man gibt seine eigene Persönlichkeit auf, um ja mittendrin zu sein: „Diese Farbe ist Mode, also trage ich diese Farbe, um zu zeigen, wie ich mit der Zeit gehe." Da die Modefarben spätestens alle zwei Jahre wechseln, ist das nicht tragisch, aber für Farbpsychologen doch bezeichnend. Die Farbe Sand zeigt eine gewisse Flüchtigkeit an.

Das Braun ist erdhaft verbunden, Sand dagegen verfliegt leicht. Oder anders gesagt: Die Farbe Sand ist ein Symbol für das eher Unbeständige. Auf Sand kann man keine Hochhäuser bauen, aber man kann es sich im Sand für einige Sonnenstunden recht gemütlich machen. So gefällt diese Farbe, aber sie wird sich kaum zu einer ständigen Lieblingsfarbe entwickeln. Sie ist wie Beige eher eine Farbe des Zeitgeistes.

Bleibt von dieser Kategorie noch die Farbe **Safari.** Dieser Farbton ist im Unterschied zu Beige und Sand vielleicht am wenigsten neutral. Safari kann eine bewußte Modefarbe werden. Mit der Mischung von Gelb, Braun und etwas Grün symbolisiert sie die reine Sehnsucht nach Weite und steht für Reise- und Abenteuerlust. Obwohl Menschen, die Safari lieben, vielleicht noch nie Fernreisen unternommen haben, geht ihr Geist immerzu auf Reisen. Menschen, die diese Farbe bevorzugen, sehnen sich nach einer großen und meist beständigen Horizonterweiterung. Sie halten es gedanklich in einer engen Stube nur aus, wenn sie über die Medien, speziell über Bücher Abenteuer miterleben können. Es ist der Karl-May-Typus, der sich hier deutlich zeigt. Ich muß nicht in der Wüste gewesen sein, um die Wüste zu kennen! Außerdem ist Safari auch eine sehr nützliche Farbe, da sie in südlichen Erdteilen besonders gut vor Sonne schützt.

Mit Safari ist man auf Reisen immer gut gekleidet. Niemand, der so etwas trägt, fällt unangenehm auf. Er gehört sofort zum Trupp der reise- und abenteuerlustigen Menschen. Es ist wie eine Art exklusiver Uniform. Die Farbe drückt zusätzlich noch einen gewissen Snobismus aus, der stumm signalisiert: „Seht, ich kann mir aufregende Abenteuer und teure Reisen

leisten. Ich bin doch wer!" Diese Menschen fühlen sich nicht dem Durchschnitt verhaftet. Sie gehen ihre eigenen Wege und tragen ihr inneres Fernweh plakativ nach außen.
Wer diese Farbe hingegen ablehnt, kennt kaum solche Gefühle.

Bunt – die Farbe, die keine ist

„Bunt gibt es nicht", heißt es oft aus professionellem Mund. Statt bunt sollen wir lieber farbig sagen. Das mag zwar richtig sein, aber der Volksmund kennt durchaus die „bunten Vögel", womit er stets eine Charakteraussage verbindet. In der Natur sind die Vögel wohl das Bunteste überhaupt, vor allem die Vögel der Tropen. Mit dem Begriff „bunte Vögel" sind Menschen gemeint, die schillern, die blenden, die man nicht zu fassen kriegt und die mehr versprechen, als sie halten können beziehungsweise wollen.

Manche Menschen, die nach ihrer Lieblingskleidung gefragt werden, antworten recht spontan: „Eine Farbe kann ich Ihnen nicht sagen, aber meine Kleidung soll einfach bunt und lustig, also recht farbenfroh sein."

Bunt gefällt: Es gefallen die bunten Vögel, es gefallen die bunten Frühlingsblumen, es gefällt ein buntes Leben. Bunt macht Freude, macht Spaß und spricht für eine Lebenslust, die noch nichts vom Ernst des Lebens erfahren hat. Bunt ist der Ausdruck einer jungen Lebensfreude. Die Jugendlichen, die gerne in Discos sind, erleben dort eine schillernde, verführerische Buntheit, die ihnen das Bestreben nach eigenem buntem Erleben abnimmt. Bunt heißt, viele leuchtende Farben zu mischen, ohne groß zu fragen, ob diese nun auch zusammenpassen. Es beflügelt schon sehr, die Welt bunt zu sehen!

Bunt scheint also vielfältig. Aber die Aussage „bunt" ist wenig differenziert. Bunt verändert sich schnell: Mal herrscht das Rote, dann das Gelbe, mal Grün, dann Blau vor. So lassen sich die Menschen, die das Bunte lieben, auch kaum auf eine Aussage festlegen. Sie haben außer Lebensfreude – was an sich sehr zu begrüßen ist – nicht viel mehr zu bieten.

Für das Bunte – so wird meist gefolgert – hat die Jugend eine besondere Vorliebe. Aber man täusche sich nicht! Gerade junge Menschen können Herbstfarben bevorzugen, während die Älteren sich am bunten Frühling nicht satt sehen können.

Wer das Bunte liebt, ohne eine besondere Farbe zu nennen, der hat eher eine Scheu, sich festzulegen. Deswegen wird in der Farbpsychologie auch wenig Bezug auf diese Farbe, die es eigentlich nicht gibt, genommen. Man sollte diese Menschen schon zu einer klareren Aussage bringen, indem man zum Beispiel fragt, welche Farbe unbedingt vorhanden sein sollte und was das Bunte für sie erst leuchtend macht.

Bunt kann man farbpsychologisch mit einem Rummelplatz vergleichen, auf dem jeder Abenteuer erleben kann, ohne sich groß dafür zu engagieren. Man wird geschaukelt, man wird im Riesenrad gefahren, man wird in der Geisterbahn harmlosen Mutproben ausgesetzt. Auf dem Rummel wird man verblüfft und unterhalten und braucht dafür nur ein bißchen Geld auszugeben. Das Angebot ist vielseitig und bunt, und mehr wird auch vom Rummelplatz nicht verlangt. Aber der Rummelplatz des Lebens und des Schicksals fordert schon ein stärkeres Engagement.

Die
Praxis

Die Farbdarstellungen

Erfahrungen aus der Praxis

Früher wurde bei Beratungen und auf Seminaren eine Farbliste vorgelegt, aus der die entscheidenden Farben dann ausgewählt werden mußten. Das erwies sich als nicht sehr glückliche Methode. Schließlich wurden auf den Testbogen Rahmen für Kästchen entworfen, die dann selbst mit Farbstiften ausgemalt werden sollten. Das war sehr hilfreich! Nun wurde mit den Farben direkt gearbeitet, was das Denken und Fühlen in Farben ungemein unterstützte. Die Beziehung zu ihnen wurde viel intensiver, und der Umgang mit der gesamten Farbpalette vertrauter. Auch konnte durch die Wahl verschieden großer Kästchen die Bedeutung der einzelnen Farbangaben deutlich unterstrichen werden, und der Umgang mit Farben wurde so von Mal zu Mal leichter.

Mischfarben werden mit Phantasie etwa dadurch gefunden, daß man Gelb mit Schwarz schraffiert, um die Farbe Gold anzuzeigen. Oder man gewinnt auf Gelb mit roten Schrägstrichen die Farbe Orange. So können Nuancen besser dargestellt werden, als durch die Worte „Hell- oder Dunkelrot." Zudem werden beim Ausmalen neue Farberkenntnisse gewonnen, die besser umgesetzt werden können, als wenn die Farben nur durch Wörter bezeichnet werden.

Der Einfluß der Farben auf den Geist

Die Farbpsychologie ist viel älter als allgemein angenommen. Sie galt einst sogar als Bestandteil des esoterischen Wissens. Dies beweist ein kurzer Auszug aus einem Buch der bekannten esoterischen Schriftstellerin *Maria Szepes* mit dem Titel *„Academia Occulta – Die geheimen Lehren des Abendlandes"*. Ein auf Seite 77 abgedrucktes Zitat aus dem Buch, das auch als Übungsanweisung verstanden werden kann, zeigt, wie hoch die Arbeit mit Farben auch im geistigen Sinn stets eingeschätzt wurde.

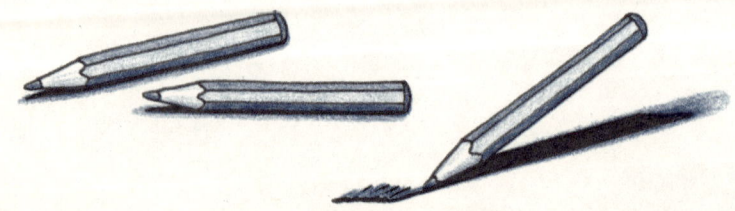

Übung

„Grundlage dieser Übung sind die Ausführungen Maria Szepes über den Einfluß der Farben auf den Geist".

Aufgabenstellung
„Wir beschaffen uns farbige Kartonblätter, die etwas größer sind als Spielkarten, oder fertigen Kartons an, die wir mit verschiedenen Pastellfarben bemalen. Wichtig ist, daß die Farben gleichmäßig und angenehm sind".

1. bis 3. Tag (Einstimmung)
„Wir stellen drei Tage hintereinander jeden Tag jeweils ein andersfarbiges Blatt vor uns auf. Wir betrachten das Blatt fünf Minuten lang. Dann schließen wir die Augen und beobachten in unserem inneren Raum, welche Emotionen die exponierte Farbe in uns ausgelöst hat.
Unsere Erfahrungen sollten sofort nach der Übung in unseren Praxisnotizen vermerkt werden".

4. bis 10. Tag
„Vom vierten Tag an werden die Farben so gewählt, daß sie entweder im Gegensatz zu unserer gegenwärtigen Stimmung stehen oder diese stimulieren. Bei Depressionen oder Beklemmungen sollte man eine goldgelbe oder pastellgrüne Karte aufstellen. Wenn wir zornig sind, also ‚rot‘ sehen, wählen wir einen kühlen, hellblauen Karton als ‚Umschlag für die Seele‘. Sind wir lustlos, unfruchtbarer Laune, bleiern inspirationslos, dann sollten wir uns auf Pastellrosa einstimmen".

Intension
„Die Übung dauert insgesamt zehn bis fünfzehn Minuten. Ein Turnus nebst dreitägiger Einstimmung dauert zehn Tage. Die Methode an sich, die therapeutische Farbeinstimmung mit den gegensätzlichen Farben, kann uns als Stimulans und zum Ausgleich unseres labilen Gemütslebens ein Leben lang begleiten".

Die Rolle des Unbewußten

Die Farbdarstellungen oder Ausmalungen werden nur am Anfang vom Kopf bestimmt. Die Tiefe eines Menschen und sein Unbewußtes spielen eine entscheidende Rolle, was bei der ersten Farbdarstellung schnell deutlich wird, weil hier der „Kopf" wenig gefragt ist. Bei den anderen Darstellungen werden natürlich auch das Denken und das Verhalten angesprochen. Dadurch erhalten wir ein ganzheitliches Bild von dem, was in dem Menschen vorgeht.

Intuitive Farbempfindungen

Farbvorstellungen brauchen Menschen nicht zu lernen: Sie leben seit Jahrtausenden in ihnen. Sicher, den Kindern wird beigebracht, daß sie, wenn die Ampel auf Rot schaltet, nicht über die Straße gehen sollen und warten müssen, bis die Ampel wieder auf Grün umspringt. Aber jeder Mensch weiß doch sofort, daß Rot die Farbe der Liebe und der Leidenschaft oder Gelb ein Symbol für den Sonnenschein ist. Vor Schwarz fürchten sich fast alle Menschen, obwohl sie seit Generationen die Ängste, die einst eine dunkle Nacht mit sich brachte, nicht erlebt haben. Daß alles, was glänzt, wertvoll und damit anziehend ist, das weiß jeder, und daß das Braun in den Windeln kein Gold ist, wie den Kleinen in den ersten Monaten oft beigebracht wird, spüren die etwas größeren Kinder schnell. Sie wissen auch, daß das Bunte Freude bedeutet. Es ist erstaunlich, wie schon kleine Kinder – haben sie den ersten Malkasten geschenkt bekommen – oft höchst sinnbildlich und geschickt mit Farben umgehen.

Das Farbenkreuz

Erste Farbdarstellung

Diese Ausmalung sieht sehr leicht aus. Aber die Darstellung hat es in sich, da den Ausführenden nicht gesagt wird, welcher Sinn hinter den Worten <u>Mittelpunkt</u>, <u>Morgen</u>, <u>Mittag</u>, <u>Abend</u> und <u>Nacht</u> steht. Hier soll die Intuition der Malenden angesprochen werden. So mag mancher den Lauf der Sonne über die Farben ausdrücken, den Ablauf des Tages oder den Gang der Jahreszeiten.

Wichtig wäre, vor Beginn der Ausmalung vielleicht nur zu sagen, daß die Mittelpunktfarbe nicht mit der Lieblingsfarbe identisch sein muß. Sie kann mit der Lieblingsfarbe gleichgesetzt werden, muß es aber nicht. Es kann auch die Farbe einer augenblicklichen Stimmung sein. Ist jemand gerade depressiv, dann mag er ein düsteres Grau wählen, ist jemand bester Laune, wird er die goldene Farbe vorziehen, hat jemand neue Ideen oder Pläne, dann kann er die Farbe Grün benutzen.

	3 Mittag	
2 Morgen	1 Mittelpunkt	4 Abend
	5 Nacht	

Aufgabenstellung

Die Kästchen sind bewußt unterschiedlich groß. Die Mittelpunktfarbe soll dominieren.

Es wäre gut, wenn die Malenden ihre Kästchen in der angegebenen Reihenfolge ausmalen, aber auch das muß nicht sein. Nur das *große Kästchen* für die Mittelpunktfarbe sollte als *erstes* gewählt werden. Bei Farben geht von der Mitte eine besondere symbolische Strahlung aus, die sich auf die sie umgebenden Farben auswirkt. Die Mittelpunktfarbe ist immer beherrschend und dominant. Auch sei wieder erwähnt, daß sich Farben durchaus wiederholen dürfen. Weitere Erläuterungen werden dem Ratsuchenden jedoch nicht gegeben.

Die Begriffe Morgen, Mittag, Abend und Nacht sollen die vier Hauptabschnitte des Lebens symbolisieren: Jugend, Lebenshöhe, Aufgabe des Ichs – Hinwendung zum Du, Ende des Lebens. Zusammengehalten werden die vier Stationen durch die Mittelpunktfarbe.

Selbst wenn jemand für alle fünf Kästchen eine einzige Farbe wählt, was am Anfang einer Beratung passieren kann, dann sagt dies schon sehr viel aus. Nämlich eine Einseitigkeit, und daß der Ablauf im Leben sehr undifferenziert angesehen wird.

Oft steckt hinter der Wahl von nur einer Farbe auch ein Anfangswiderstand dem Berater gegenüber, oder man will diesen foppen. Menschen, die im Leben gerne pokern, greifen oft zur letzteren Methode.

Fällt dies alles weg, dann sagt die Wahl von nur einer Farbe häufig auch aus, daß diese Menschen keine Entwicklung in ihrem Leben sehen, daß sie sich verzweifelt an das klammern, was sie gerade in der Hand haben.

Bei jungen Menschen wird oft mehrmals die Farbe Rot benutzt; das zeigt die augenblickliche Hinwendung zu leidenschaftlicher Liebe, aber auch zum leidenschaftlichem Idealismus, der fanatische Züge annehmen könnte.

Sehr depressive Menschen wählen meist Grau und Schwarz, aber sie setzen dann eine knallige, helle Farbe dagegen. Also haben sie doch einen Funken Hoffnung.

Wer alles schwarz sieht, nur das Kästchen Nacht mit Gelb oder Blau ausmalt, der sehnt sich offensichtlich nach dem Ende seines Lebens oder er glaubt an ein Weiterleben nach dem Tod.

Bei der Beurteilung wird zunächst das Gesamtbild betrachtet, und anschließend werden folgende Fragen nacheinander beantwortet:

Erstens, ob der Gesamtfarbton eher hell, dunkel oder neutral ist, und zweitens, ob die Farben zueinander passen oder ob krasse Gegensätze zu bemerken sind. Aus diesen Antworten kann man gut auf die Grundstimmung des Ratsuchenden schließen.

Als dritte Frage interessiert, ob in der Folge der Kästchen von zwei bis sechs eine Entwicklung, eine Art Reifeprozeß zu erkennen ist oder ob die Farben eher sprunghaft angelegt sind – von hell zu dunkel oder von schwarz zu weiß. Eine gute Steigerung wäre etwa in folgender Reihenfolge zu erkennen: Morgen: Weiß, Mittag: Gelb, Abend: Orange, Nacht: Blau.

Oder: Morgen: Schwarz, Mittag: Grau, Abend: Gelb, Nacht: Violett.

Danach schließlich wird die Mittelpunktfarbe angesehen und gefragt, welche Farbe dominiert und ob sie im Ablauf vom Morgen bis zur Nacht wiederkommt, oder ob die Mittelpunktfarbe im völligen Gegensatz zu den sie umgebenden Farben steht. Die Mittelpunktfarbe gibt Auskunft über die Grundeinstellung des Ausmalenden. Hier wird gefragt, ob die Mittelpunktfarbe den Kern symbolisiert, oder ob sie eher als Symbol des jetzigen Zustandes anzusehen ist.

Damit beginnt in der Regel das Beratungsgespräch, das aber nicht nur eine einzige Farbdarstellung betreffen soll. Der Ratgebende erläutert nun, wie die Farben zu den einzelnen Lebensabschnitten stehen. Es ist sicher ein sehr großer Unterschied, ob der Ausmalende noch jung ist oder ob er schon am Ende des Lebens steht. All dies muß berücksichtigt werden. Der junge Mensch sieht eine Entwicklung vor sich, der ältere Mensch zieht Bilanz.

Erstes Beispiel

Da kam ein unkonventionell gekleideter Student in die Beratung. Aus den bereitliegenden Farbstiften wählte er ein helles, leuchtendes Rot als Mittelpunktfarbe.

Nachdem die erste Farbe gewählt ist, wird immer nach dem Grund dieser Farbenwahl gefragt. Der Berater erkundigte sich also, ob Rot denn seine Lieblingsfarbe sei. Die Antwort war ein schrilles „Nein!"

Der Berater erkundigte sich dann, ob das Rot etwa eine politische Bedeutung für ihn habe. Wieder verneinte der Student vehement und sagte: „Wissen Sie, mir stinkt alles. Ich sehe, egal wohin ich komme, nur noch rot!"

Rot – auch die Farbe der Wut, des Zorns, die Farbe der Empörung! Hier wäre es durchaus denkbar gewesen, daß dieser Student alle fünf geforderten Farben mit der Farbe Rot ausgemalt hätte. Aber als er nach der Farbe des Morgens gefragt wurde, überlegte er recht lange. Dann nahm er einen rosafarbenen Stift.

„Warum Rosa?"

„Oft geht die Sonne mit einem verklärten Rosaton auf. Das gefällt mir."

Es wäre fast folgerichtig gewesen, wenn der Student als Mittagsfarbe ein leuchtendes Gelb gewählt hätte. Aber nein! Seine Mittagsfarbe war Grün. Also lebte hinter dem roten Zorn eine starke Hoffnung auf Wachstum und auf die eigene Gestaltungsfähigkeit. Dem Studenten wurde sofort klar, daß er hier etwas von sich preisgegeben hatte. Er sagte sehr schnell, die Stimme überschlagend: „Natürlich hoffe ich, daß sich auch mir noch einmal die Erde öffnet. Ich bin ein ewig Hoffender, der um so zorniger wird, je weiter sich die Hoffnung zu entfernen droht."

Nun, wenn aus dem Rot das Grüne sprießt, dann erscheint das wie ein Vulkanausbruch. Auch ein Vulkan explodiert, aber aus seiner ausgespuckten Lavamasse erwächst eine ungeheure Fruchtbarkeit, wie es die Umgebung aller Vulkangebiete beweist. Zorn kann also auch fruchtbar sein.

Dann wurde nach der Abendfarbe gefragt. Die Antwort dauerte sehr lange. Denn der Student hatte begriffen, daß man mit der Wahl seiner Farbe etwas von sich mitteilt, was mehr offenbart als zuerst angenommen. Seine vierte Farbe war Orange. Orange hat etwas mit Rot zu tun, dem viel Gelb beigemischt ist. Orangefarben kann sich auch ein Sonnenuntergang ankündigen, ehe die Sonne dann rot untergeht. Orange ist eine Farbe der Zuversicht. Obwohl eine Signalfarbe, symbolisiert sie das Streben nach Weisheit. Der Weg von Rot zu Orange scheint nicht sehr weit, aber es ist der Weg vom Aufbegehren bis zum Finden der eigenen Lebensmitte.

Da rief der Student: „Von Weisheit und so etwas will ich nichts wissen! Das, was man weise nennt, ist Opportunismus."

Die Mittelpunktsfarbe hatte ihn noch fest im Griff. Nach diesem etwas heftigen Zwischenruf trat eine Pause ein. Dann erklärte der Tester, daß Orange ja eine hoffnungsvolle Farbe sei, in der neben dem Zorn auch der Geist eine starke und symbolische Rolle spiele. Auch daß „am Abend" eben manches mit einem gewissen Humor und einer sanguinischen Gelassenheit betrachtet werden könnte.

Der Student sagte: „Nachdenken kann ich ja mal darüber."

Die Nachtfarbe wurde gewählt. Er meinte: „Was erwarten Sie? Natürlich das Rot der Hölle oder das Schwarz der Finsternis?"

Der Tester schwieg.

Der Student nahm einen violetten Stift, die Farbe des religiösen Geistes und der Macht. Als nun der Tester anfangen wollte, diese Farbe zu erklären, kam ihm der Student zuvor: „Ich weiß, was ich gewählt habe. Die Mystik sitzt tief in mir. Wie tief, habe ich erst im Moment erfahren."

„Aber das Violett ist auch Symbol für das Spirituelle, auch für die Inspiration", warf der Farbpsychologe ein.

„Auch darüber kann ich mal nachdenken, wenn mir dazu nur die Zeit bleibt …", war die Antwort. Dann kam eine lange Pause. In die Stille hin-

ein fiel der Satz: „Es tobt so vieles in mir."
Der Tester antwortete: „Aber nur mit Rot ist das nicht zu meistern."
Dies leuchtete dem Studenten auch ein, bis er plötzlich ausrief: „Außer bei der Mittagsfarbe ist überall Rot dabei, oder?"
„Ja, aber das Grün verkörpert die nahe Zukunft."
Sehen wir uns das Bild einmal im Zusammenhang an.

	3 Mittag Grün	
2 Morgen Rosa	**1 Mittelpunkt** Grelles Rot	**4 Abend** Orange
	5 Nacht Violett	

Zweites Beispiel

Eine Frau, so Mitte Vierzig, suchte einen neuen Lebenssinn. Bisher war sie Mutter und Hausfrau, aber diese Aufgaben waren erfüllt. Die drei Kinder waren praktisch aus dem Haus. Ihr Ehemann hatte eine Freundin, ohne daß er sich scheiden lassen wollte. Die Frau, wir nennen sie Ilona, kochte, machte den Haushalt und wartete auf ihren Mann. Abends lief üblicherweise die Glotze, denn der Mann mußte sich von der harten Tagesarbeit (und von seiner Freundin) erholen.
Da begann sich die Frau umzuschauen. Sie wollte etwas Eigenes schaffen. Aber was? In Hilfsorganisationen wollte sie sich nicht engagieren, lieber sich selbständig machen. Von Abhängigkeiten hatte sie genug. Ihr erlernter Beruf Buchhalterin behagte ihr auch nicht mehr. Wohin sollte also der Weg führen?
Auf Seite 84 zeigen wir diesmal zuerst das Gesamtbild.

Hier erkennt der Farbpsychologe sofort, daß er es mit einem ganz besonderen Menschen zu tun hat. Da ist ein Farbbild, welches nur sehr reife Menschen, die wissen, was sie wollen, aufzeichnen.

Das Indigo als Mittelpunktfarbe ist schon verblüffend. Wir haben es hier mit einem besonderen Blau zu tun. Man bezeichnet Indigo auch als Mitternachtsblau. Es gilt als Farbe der erfüllten Nacht. Der Nacht also, die man nicht einfach verstreichen läßt, sondern die man schöpferisch zu nutzen versucht. Ilona bestätigte dies sofort. Sie meinte, daß sie schon nächtelang wachgelegen habe, um zu sich selbst zu finden. Daß sie bewußt die Stunden der Nacht genutzt habe, um sich über den weiteren Lebensweg klar zu werden. Den ganzen Tag freue sie sich auf ihre wachen Nachtstunden. Sie sei sich auch darüber im klaren, daß es nur auf sie alleine ankäme. Nur suche sie noch ihre wirkliche Aufgabe.

Für einen Neubeginn ist immer die Morgenfarbe wichtig. Mit Violett war eine Farbe gewählt worden, die selten gebraucht wird. Violett gilt stets als königliche Farbe. Es handelt sich um ein Violett mit einem rötlichen Schimmer und das wird von Menschen bevorzugt, die sich über die anderen erhaben fühlen. Ilona bestätigte auch dies. „Nicht allgemein", sagte sie, „aber wenn ich sehe, wie mein Mann und meine jungen Söhne schon jetzt das Leben nur noch in Routine abspulen, dann habe ich nicht allzuviel Respekt."

Violett ist aber auch ein Symbol dafür, daß Geist und Materie miteinander verbunden werden sollen. Das erwies sich als gutes Stichwort. Ilona erklärte, daß sie etwas Geistiges machen, damit aber auch ihr eigenes Geld erwerben wolle. Geld wäre zwar vorhanden, aber sie fühle sich doch immer mehr als Mutter und Hausfrau „angestellt" und müsse immer bitten, sich etwas kaufen zu dürfen. Damit war ein recht bedeutender Schritt in der Beratung getan: Es ging um eine materielle Unabhängigkeit im Rahmen einer geistigen Beschäftigung.

Die Farbe für den <u>Mittag</u> war <u>Braun.</u> Braun deutet auf eine Realitätseinstellung hin. Auch auf materielle Ausrichtung, wobei wir aber das Wort „Materie für Mutterstoff" nie vergessen wollen. Aber die Richtung der Entfaltung verspricht durch Braun eine gewisse Beständigkeit im Wirken. Ilona wollte folglich etwas tun, was nicht sofort – wie sie es ausdrückte – „gegessen" würde. Die Frage, ob sie eventuell an ein Geschäft denke, wurde von ihr mit einem klaren „Ja" beantwortet. Sie selbst hatte schon an eine innenarchitektonische Richtung gedacht, was in der Farbe Braun auch gut abzulesen war. Nun überlegte man, wohin die Farbe Braun noch führen könnte. Das Stichwort kam von Ilona, als sie sagte: „Möbel, Regale, Buchregale … Nein, Bücher! Bücher! Bücher!"

Das Stichwort war gefallen. Eine kleine Buchhandlung kam ins Gespräch. Aber eine kleine Buchhandlung verlangt nach Spezialisierung.

Die Frage des <u>Abends,</u> die vierte Farbe, gab auf diese Frage eine recht realistische Antwort. Es war die Farbe <u>Türkis.</u> Türkis, eine Mischung aus Blau und Grün, weist auf das Heilen hin. In Frage käme also eine medizinische Fachbuchhandlung, was Ilona sofort ablehnte, dazu fehlten ihr die Kenntnisse. Aber Türkis weist auch auf Esoterik oder Psychologie hin. Esoterik – das war das zündende Wort! Sie war dafür schon immer sehr aufgeschlossen. Doch ihre drei Männer waren derart dagegen, daß sie das eigene Interesse selbst niederschlug. Nun kam aber etwas ganz Seltsames: Die Tatsache, daß alle in ihrer Familie dagegen waren, spornte sie nun erst recht an und wurde das eigentliche Motiv für ihre späteren Handlungen. Sie wußte, was zu tun war!

Wenn man weiß, was man will, kommt einiges wie von selbst auf einen zu. In der Nachbarschaft existierte im Erdgeschoß eine kleine mit Liebe aufgebaute Buchhandlung. Der Besitzer wurde kränklich und suchte jemanden, der sein Werk fortführen würde. Für Esoterik war er zwar auch nicht zu haben, aber wenn sein Geschäft irgendwie weiterleben könnte, wäre ihm das Freude genug. Ilona griff zu, regelte die Finanzen und fing an. Erst besuchte sie die Buchhändlerschule, dann wurde sie Mitarbeiterin im Geschäft und schließlich übernahm sie den Buchladen.

Zurück zum Test. Die Nachtfarbe war das leuchtende Gold. Die Antwort kam von Ilona selbst: „Nichts ist schöner als das Dunkle zu vergolden. Denn das Licht wächst aus der Finsternis. Dahin wollte ich immer. So war diese Farbwahl die leichteste von allen!"

Drittes Beispiel

Traurig sah er aus, dieser junge Mann, der gerade dreißig Jahre alt geworden war. Er selbst bezeichnete sich als Pechvogel. Zwar gehe es ihm äußerlich gut. Aber das Glück, nach dem er verzweifelt suche, wolle sich nicht einstellen.

„Wer sorgt denn für Sie?" fragte der Berater. Er antwortete: „Meine Mutter!" Kurzum: wir hatten es mit einem echten Muttersöhnchen zu tun, das sich einfach nicht befreien konnte. Er wohnte in einer schönen, aber viel zu großen Wohnung, die er als Bankangestellter bezahlte. Er wollte schon mehrmals ausziehen, das würde aber bedeuten, daß auch seine Mutter in einer kleineren Wohnung leben müßte. Doch in solche Pläne willigte die starke Mutter nicht ein. Sie sagte, daß sie es gewöhnt sei, immer sehr großzügig zu leben, sie brauche viel Raum. Er, nennen wir ihn Markus, konnte sich nicht wehren, obwohl er den ganzen Unterhalt für sich und seine Mutter bestritt. Seine Mutter empfing zwar eine sehr gute Pension, wollte das Geld aber zurücklegen, falls es ihnen mal schlechtgehen sollte. Außerdem würde ja Markus sowieso eines Tages alles erben.

Wenn unser Pechvogel mal ein Mädchen kennenlernte, dann hatte er kaum Zeit und Geld, um sie öfters auszuführen, weil die Mutter daheim zu offensichtlich auf ihn wartete. Sie ging nie schlafen, ehe Markus nicht zu Hause war. Markus wählte die Mittelpunktfarbe. Wie erwartet: Schwarz.

---

1 Mittelpunkt
Schwarz

Schwarz – meist die Farbe derjenigen, die sich für Pechvögel halten. Als Mittelpunktfarbe kommt dies ganz deutlich zum Tragen. Markus konnte kaum annehmen, daß auch im Schwarz ein Körnchen Licht steckt. Das chinesische Zeichen von Yin und Yang sagte ihm nichts. Auch hatte er zu psychologisch-esoterischen Denkweisen keinen Draht.

Die Frage nach der zweiten Farbe für den Morgen wurde gestellt.

2 Morgen	1 Mittelpunkt
Braun	Schwarz

Braun. Wieder eine dunkle Farbe, und Markus fügte noch hinzu, daß er ein sehr dunkles Braun wählen würde, so wie die Farbe von Rinden an alten Bäumen. Er liebe das Alter und damit alles, was Bestand hat.

Das ließ darauf schließen, daß er allein seine Mutter verehrte. Markus bejahte dies: „Sie hat mir immer Halt gegeben. Auch als mich junge Mädchen wegen meiner Schüchternheit ausgelacht haben." Im übrigen suche er, „wenn überhaupt", eine reife Frau.

Das war nun auch für den Tester eine schwierige Situation. Sie waren nämlich beim wichtigsten Punkt, dem der möglichen Partnerschaft angekommen: „Meine Mutter würde eine Heirat von mir nicht überleben. Ich darf erst heiraten, wenn Mama tot ist."

Da half erst einmal nur die Frage nach der dritten Farbe weiter.

	3 Mittag	
	Bronze	
2 Morgen	1 Mittelpunkt	
Braun	Schwarz	

Die dritte Farbe für den Mittag war Bronze. Markus blieb sich zunächst treu. Er wählte wieder einen dunklen Ton, der dem Braun sehr ähnlich ist, der aber auch glänzen kann. Also sah er eine Möglichkeit, in nächster

Zukunft doch auch etwas Positives von seiner Mutterbindung zu erfahren. Er wurde nun gefragt, ob er sich nicht manchmal – heimlich natürlich – den Tod seiner Mutter herbeiwünsche. Erwartet wurde, daß Markus dies mit Erregung leugnen würde. Aber nichts davon. „Vielleicht …", sagte er.

Das war im Grunde ein irrsinniges Geständnis! Markus spürte unbewußt, wie sehr ihm seine Mutter bisher die Lebensfreude verweigerte. Markus schwieg, der Farbpsychologe auch. „Ich hoffe, sie schläft bald friedlich ein. Sie kränkelt schon."

Damit war dieses Thema für Markus zunächst erledigt. „Welches wäre denn Ihre <u>Abendfarbe?</u>" Es blieb bei einem dunklen Ton. „<u>Tiefblau</u>", lautete seine Antwort.

	3 Mittag Bronze	
2 Morgen Braun	1 Mittelpunkt Schwarz	4 Abend Blau

Die Wahl der Farbe Blau läßt darauf schließen, daß Markus sich einredet, daß der Himmel es schon richten wird. Außerdem scheint er doch ein recht kühler Rechner zu sein, der den armen Pechvogel lediglich spielt. Dabei wartet er auf seine Zeit und sammelt bis dahin Mitleidspunkte. Als <u>Nachtfarbe</u> wählte er <u>Grün.</u>

Die Farbe Grün als letzte und fünfte Farbe verriet alles. Der sogenannte Pechvogel hatte seine Grundhoffnung überhaupt nicht aufgegeben. Ob sich die Hoffnung letztlich erfüllt, das ist eine ganz andere Angelegenheit, aber er ist so perfekt in die Rolle des Pechvogels hineingeschlüpft, daß ihm jeder eines Tages das Glück gönnen wird. Sicher nimmt er sehr viel Liebesentzug in Kauf. Er verzichtet auch auf manches Freizeitvergnügen, während er klammheimlich auf den Tod seiner Mutter wartet. Dies tut er nicht einmal bewußt. Er scheint nach der Farbauswahl gar nicht berechnend zu sein, aber er hat Zeit. Dies bestätigen auch Braun und Bronze. Diese Farben symbolisieren eine Dauerhaftigkeit. Natürlich kann sich das Blau des Himmels verdüstern, aber irgendwann wird jeder Himmel wieder blau. Und das Grün am Ende, welches sich als einzige Farbe nicht dem Schwarz anpaßt, zeigt das geheime Warten deutlich an. Denn von allen Farben eignet sich Grün am wenigsten zur fünften Nachtfarbe.

Es war ein interessanter Test, und Markus hörte sich manche Hinweise äußerlich sehr gelassen an: „Sagen Sie doch selbst, was soll ich anderes tun, wie soll ich mich anders verhalten?" Pause. „Würden Sie nicht so handeln?" Eine Antwort wartete Markus gar nicht mehr ab, so schnell verschwand er aus dem Haus.

Die *Brücke*

Z w e i t e
F a r b d a r s t e l l u n g

Bei dieser Farbdarstellung wird nun schon sehr bewußt mit den Farben gearbeitet. **Der Beginn ist eigentlich ganz einfach. Man fordert die Farbsuchenden auf, zwei Farben zu nennen. Einmal geht es um die Lieblingsfarbe, dann um die Farbe, die abgelehnt wird.**

Erstes Beispiel

Eine angehende Farbpsychologin wählte in einem Farbseminar als Lieblingsfarbe Rot und als Farbe der Ablehnung Schwarz.

Rot **Lieblingsfarbe**	Schwarz **Abgelehnte Farbe**

Beurteilung

Die Lieblingsfarbe Rot bedeutet, daß Leidenschaft, Temperament, heftiges Verlangen und Aktivität (auch in der Liebe) in ihrem Leben eine wichtige Rolle spielen. Aber Rot ist auch eine Warnfarbe, die das Signal zum rechtzeitigen Einhalten gibt.

Schwarz als Farbe der Ablehnung symbolisiert die Dunkelheit, die Trauer, die angstvolle Finsternis. Eine Farbe, die Verluste und gar das Ende beinhaltet, die zugleich die Farbe der Schatten und des Geheimnisvollen ist. Zwischen diesen Gegensätzen von Vitalität und Angst steht die Seminarteilnehmerin. Auf der einen Seite will sie alles genießen, auf der anderen Seite hat sie Angst, dadurch alles zu verlieren.

Diesem Menschen fehlt mit Sicherheit die Mitte, die innere Balance. Was also kann die Balance herstellen? Dafür ist die Auswahl der dritten Farbe notwendig.

Hier muß ganz bewußt eine Farbe gewählt werden, die das Rote mit dem Schwarzen verbindet. Aber nicht im künstlerischen Sinn, also nicht, ob Schwarz und Rot auf einem Bild harmonieren, sondern im symbolischen Sinn. Die Frage ist: wie komme ich gedanklich von Rot zu Schwarz? Beide

Farben sind gleichberechtigt, stehen sich aber gegenüber: Wie kann ich nun die farbliche Brücke von Schwarz zu Rot (oder umgekehrt) schlagen? Es geht also um eine Verbindungsfarbe. Unsere Testperson hat hier die gelbe Farbe gewählt.

Rot Lieblingsfarbe	**Gelb** Verbindungsfarbe	**Schwarz** Abgelehnte Farbe

Beurteilung

Die Testperson wählte also noch einmal eine sehr helle Farbe, eine Signalfarbe, um zur Finsternisfarbe zu kommen. Aber es ist eine gute Wahl! Denn Gelb ist einmal die Sonnenfarbe, die das Schwarze aufhellen kann, die aber auch das Gedankliche symbolisiert.
Das heißt hier, daß sich das Leidenschaftliche auch vom Verstand her mit dem Dunklen auseinanderzusetzen hat. Gelb zeigt auch Aktivität an; also nicht auf das Dunkle warten, sondern versuchen, das Dunkle in sich anzunehmen und mit Wärme zu erfüllen, wobei die Vernunft mitwirken muß. Wärme allein schafft die Brücke nicht.

Zweites Beispiel

Eine Frau kam zur psychologischen Farbberatung. Diesmal fingen wir mit dem *Test Die Brücke* an.
Ihre Lieblingsfarbe war Grün, die abgelehnte Farbe war Violett.

Grün Lieblingsfarbe	**Violett** Abgelehnte Farbe

Beurteilung

Die Beurteilung dieser Farbwahl ist nicht schwer. Grün als Lieblingsfarbe besagt, daß die Frau das Vernünftige bevorzugt. Sie liebt und genießt das Leben. Sie ist stets voller Hoffnung und sehr naturliebend.

Aber sie lehnt, und zwar ziemlich vehement, die violette Farbe ab. Das bedeutet, daß alles Geheimnisvolle, alles Mystische und Religiöse in ihr keinen Platz hat: „Die Farbe ist mir nicht eindeutig genug, da kann man zuviel hineinsehen."

Auf Befragen äußerte sie dann, daß ihr alle sogenannten spirituellen Erkenntnisse sehr suspekt seien. Violett sei die Farbe der Mächtigen, mit denen sie nichts zu tun haben wolle. Sie sei ein einfacher Mensch.

Als sie aufgefordert wurde, eine Farbe zu wählen, die zwischen dem Grün und dem Violett eine Verbindung schafft, überlegte sie lange, bis sie dann ganz plötzlich meinte: „Braun." Ihr Bild:

Grün Lieblingsfarbe	**Braun** Verbindungsfarbe	**Violett** Abgelehnte Farbe

Es war nicht schlecht, hier eine Mischfarbe zu wählen. Denn zwischen dem klaren Grün und dem schillernden Violett ist ja keine direkte Mischung möglich, auch nicht im spirituellen oder geistigen Sinn. Aber die Erdfarbe als Mischung zu wählen, die die Hoffnungsfarbe Grün mit dem hochstrebenden Violett verbindet, zeigt ein Festhalten am Realen. Violett soll dadurch isoliert werden. Braun symbolisiert das Bewahrende und auch das zum Himmel strebende Wachstum der Bäume. Bäume, die Schutz und Sicherheit geben. Aber Braun bedeutet ja: keine Experimente! So wurde der Schluß gezogen, daß sie Braun nur aus Notwehr gewählt hat, nicht aber, um eine wahre Verbindung herzustellen, die zum Beispiel gut durch die Farbe Blau zu bekommen wäre.

Damit war bereits viel über die Gedankenwelt dieser Testperson gesagt.

Drittes Beispiel

Ein junger Mann, der seinen Worten nach, sein „wahres Lebensziel" noch nicht gefunden hatte, wählte als Lieblingsfarbe Schwarz.

Die Begründung war aufschlußreich: „Für mich", so sagte er, „waren Trauersituationen, Niederlagen und Unglücke die größten Hilfen im Leben. Heute macht es mir Freude, aus solchen Situationen herauszukommen!"

Die Farbe Grau lehnte er ab: „Diese Farbe ist mir zu wischiwaschi. Außerdem erinnert sie mich an das Alter und gegen alles Ältere (auch ältere Menschen) habe ich etwas. Die haben sich mit dem Leben abgefunden, haben keinen Elan mehr und vegetieren nur noch so vor sich hin."
Seine Farbwahl:

Schwarz	Grau
Lieblingsfarbe	Abgelehnte Farbe

Sehr schnell fällt einem hier als Verbindungsfarbe Weiß ein. Mit dem Hellen könnte das Dunkle erleuchtet werden, um zu der Farbe der Erfahrung zu kommen. Aber der junge Mann wählte eine ganz andere Farbe, und zwar Grün.

Schwarz	Grün	Grau
Lieblingsfarbe	Verbindungsfarbe	Abgelehnte Farbe

Auf die Frage, wieso er sich für die Farbe Grün entschieden habe, antwortete der junge Mann: „Ich weiß es nicht, einfach nur so."
Also hatte er diese Farbe ganz intuitiv gewählt.

Beurteilung

Zunächst einmal, daß nach der Finsternis immer Hoffnung für neues Wachstum besteht, das aber auch wieder verwelken oder zu Grau werden kann.
Somit lebt in diesem jungen Mann ein Grundpessimismus, der zwar zum Hellen kommen möchte, den schwarzen Hintergrund aber nie ganz verlieren wird. So kann man folgern, daß die Lieblingsfarbe Schwarz fast beschwörend ausgewählt wurde, so wie man es einst tat, um böse Geister zu bannen. Den Teufel mit dem Beelzebub austreiben, das ist die unbewußte Lebensphilosophie des jungen Mannes.

Die Zukunft

Dritte Farbdarstellung

Diese Darstellung ist wie die vorige aufgebaut, nur geht es jetzt darum, in die Zukunft zu blicken.

Die erste Frage lautet: „Welche Farbe würden Sie für Ihr ganzes Leben als Hauptfarbe wählen?"

Gemeint ist damit nicht die Wahl der Lieblingsfarbe. Es ist nämlich ein Unterschied, ob jemand Rot als seine Lieblingsfarbe bezeichnet oder ob er sie für sein ganzes Leben als Hauptfarbe akzeptiert! Darüber sollten besonders die jüngeren Seminarteilnehmer gut nachdenken.

Die zweite Frage lautet: „Welche Farbe würden Sie zur Ergänzung der ersten Farbe wählen?"

Hiermit wird eingeräumt, daß eine Farbe allein wohl nicht ausreicht und eine Ergänzung benötigt.

Die Suchenden können hier durchaus wieder die gleiche Farbe wählen, die sie schon das erstemal genommen haben. Dies ist sogar oft der Fall. Da heißt es etwa: „Als erste Farbe wähle ich Rot. Meine zweite Farbe ist das Dunkelrot."

Die dritte Frage lautet: „Welche Farbe, glauben Sie, bestimmt Ihr Schicksal?"

Hier werden Selbstkritik und Objektivität verlangt, die gar nicht so häufig vorhanden sind. Daher dürfen sich die Suchenden viel Zeit lassen.

Meist werden zunächst mehrere Farben genannt. Beispielsweise so: „Rot … nein, nein, lieber Türkis! Ach, doch nicht. Vielleicht Grün? Ja, aber ist denn Grün meine Schicksalsfarbe? Ich weiß es nicht. Ich fliege immer auf blonde Frauen, also Gelb! Aber die Schwarzen, die strahlen so eine tiefe Glut aus. Wenn ich langfristig denke … dann doch das Blau. Also Blau!"

Diese manchmal lauten, meistens jedoch leisen Gedankengänge sollte der Berater mit Gelassenheit abwarten. Nur nicht drängeln und auch keine Signale geben! Nicht mit dem Kopf schütteln oder nicken. Keine Ungeduld zeigen, sondern mit Ruhe den Fragenden anschauen. Die Antwort kommt schon. Das Schema sieht folgendermaßen aus:

1 Leben (Hauptfarbe)	2 Ergänzung	3 Schicksal

Erstes Beispiel

Eine Reporterin, die in ihrem Beruf völlig aufging, hatte Schwierigkeiten, eine gute Beziehung zu ihrem Lebenspartner aufzubauen. Wenn es darauf ankam, ging ihr der Beruf immer vor.

Ihre Beratung fing mit der dritten Farbdarstellung an. Als Hauptfarbe für ihr Leben wählte sie Gold. Diese Farbe wird am häufigsten gewählt. Mit Gold kann einem nichts passieren. Gold möchte man immer haben, auch daß die Sonne stets strahlt. Aus dieser Wahl spricht jedoch eine gewisse Naivität, was von der Reporterin auch – etwas verlegen – akzeptiert wurde. Nun ging es um die Farbe, die das Gold ergänzen sollte. Das war schwer, denn was soll Gold ergänzen, da Gold doch alles ist? Auch die Reporterin hatte Zweifel, ob ihr etwas zur Ergänzung der schönsten Farbe (so ihre Worte) einfiel. Sie überlegte lange. Schließlich wählte sie das Grün. Ihre Worte beim Ausmalen des zweiten Feldes: „Grün gibt mir die Hoffnung, mit dem Gold etwas Richtiges anzufangen. Ohne goldene Sonnenkraft gibt es kein Grün auf dieser Welt. Und wenn die Sonne untergeht, das Grün der Hoffnung bleibt uns auch in der Dunkelheit!"

„Und welche Farbe wird Sie ihr Leben hindurch begleiten? Was würden Sie als Ihre Schicksalsfarbe bezeichnen?" Diese Frage ist wirklich sehr schwer zu beantworten. Jeder braucht dies nur einmal für sich auszuprobieren. Die Reporterin überlegte sehr lange, ehe sie antwortete: „Bronze."

Das war überraschend. Die dargestellten Farbsymbole waren:

Gold	Grün	Bronze

Sie sagte: „Gold ist zu hoch gegriffen. Silber werde ich auch nicht erreichen. Aber Bronze, die muß in meinem Leben drin sein."

Beurteilung

Diese Frau bleibt letztlich realistisch. Sie möchte etwas erreichen, das auffällt. Sie will im Mittelpunkt stehen und von der Gesellschaft anerkannt werden. Zu diesem Ziel soll sie die Farbe Bronze führen.

Zweites Beispiel

Monika war noch nicht einmal achtzehn Jahre alt und schon des Lebens überdrüssig. Sie wußte nicht, was sie werden wollte, denn sie kannte keinen Beruf, den sie wirklich gerne ausüben würde. Das einzige, was ihr Spaß machte, war Musik zu hören. Die Mutter schickte sie von einem Berater zum anderen. Aber keinem gelang es, Monika auch nur ein bißchen zu motivieren.

Die erste Farbe, die sie als Hauptfarbe fürs Leben wählte, war Schwarz. Sie lächelte traurig, als sie das Kästchen ausmalte.

„Aber Licht ist doch auch in der Finsternis", entfuhr es dem Berater. Monika reagierte nicht. Als Ergänzungsfarbe wählte sie jedoch Weiß. Also leuchtete doch ein Licht in der Finsternis. Aber Monika antwortete: „Nein, Schwarz wird durch Weiß ergänzt und umgekehrt."

„Ja, das gilt allgemein, aber Sie sollten doch die Ergänzung für sich suchen!" Ihre Antwort: „Das Allgemeingültige ist doch das, was heute alles bestimmt!" Dann brach es aus ihr heraus: Sie hasse alles Genormte. Sie wolle sich da nicht engagieren. Sie wolle ihren eigenen Weg gehen. Aber von ihrer Mutter bekam sie immer nur zu hören, sie solle doch endlich vernünftig und realistisch werden und ihre Spinnereien aufgeben. Nach einer Pause sagte Monika: „Ich will aber nicht nur vernünftig sein." Als Schicksalsfarbe malte sie nun das dritte Kästchen mit Rot aus.

Schwarz	Weiß	Rot

In Monika lebte folglich eine tiefe Leidenschaft, die aber – von Kindheit an – systematisch unterdrückt wurde.

„Wenn ich nur schon volljährig sein könnte!" brüllte sie den Berater fast an. Dann ging sie. Wie später zu erfahren war, weit weg. Nach Indien. Monatelang hörte man nichts von ihr, dann kam ein Brief mit der Nachricht, daß sie jetzt in Afrika in einem Lazarett arbeite. Sie sei glücklich.

Der *Charakter*

Vierte Farbdarstellung

Hier handelt es sich wieder um eine Dreierkombination. Sicherlich sind die vielen Darstellungen, die in diesem Buch vorgestellt werden, für eine einzige Beratung nicht alle notwendig. Da aber die Farbpsychologen möglichst individuell und nicht nach „Schema F" arbeiten sollen, werden mehrere Darstellungsarten vorgestellt. Die Auswahl ist dann jedem selbst überlassen.

Bisher hatten wir Farbanordnungen, die in die Waagerechte gingen. Die jetzige Darstellung ist senkrecht angelegt. Das ist ganz wichtig, denn ein waagerechtes Bild ist immer anders zu beurteilen als eine senkrechte Anordnung. Bei der Waagerechten geht es dem Eindruck nach immer um die Balance. Bei der senkrechten Anordnung liegt der Akzent mehr auf dem Streben von der Wurzel bis zur Baumhöhe.

Diese Dreieranordnung geht also von der Wurzel aus. Dabei werden nur Kästchen vor die Ratsuchenden gelegt. Das sieht folgendermaßen aus:

1
2
3

Erstes Beispiel

In die Beratung kommt eine erfolgreiche Frau, die ihre Einstellung zu Männern, wie sie sagte, überprüfen möchte. Weitere Erklärungen gab sie nicht ab. Sie erzählte nicht, ob sie allein lebte oder schon gebunden sei, ob ihr der Beruf über alles gehe oder ob sie irgendwann Mutter werden wolle. Sie pokerte, meinte nur: „Ich habe von Ihrer Arbeit gehört. Ich will es einfach einmal ausprobieren."

Ob dies die richtige Einstellung für eine Beratung ist, mag dahingestellt sein. Aber warum nicht einfach einmal experimentieren?

Ihr wurden die Fragen nach den drei Farben gestellt, wobei der Berater betonte, daß ein Flunkern ausgeschlossen sein müsse. Denn man kann natürlich irgendwelche Farben nennen, um den Ratgebenden an der Nase herumzuführen. Die junge Frau gab das Wort, ehrlich und spontan zu antworten. Ihre drei Farben waren:

Silber
1

Gold
2

Violett
3

Beurteilung

Die Auswahl der Farben verblüffte. Der erste Eindruck war: Hier stellt jemand große Ansprüche an das Leben. Alles Farben, die einen inneren Glanz ausdrücken. Das Silber schien dabei noch vergleichsweise bescheiden. Es kommt dem Grau, der Farbe der Toleranz, zwar sehr nah, aber es erwartet doch Anerkennung. Trotz bescheidenen Auftretens werden doch Chancen nach persönlicher Anerkennung gesucht.

Dieser Mensch ist sich seines Wertes durchaus bewußt, auch wenn er es kaum betont. Das wird durch die Farbe Gold unterstrichen: Vor uns ist jemand mit einer sehr zukunftsorientierten Sicht. Ein Mensch voller Intelligenz und voller Optimismus, der einen gewissen Wohlstand anstrebt und im Laufe des Lebens Ehrungen von seiner Umwelt erwartet. Seine geistige Haltung ist voller Selbstbewußtsein mit dem getarnten Anspruch (erste Farbe Silber), Macht- und Führungspositionen zu besetzen.

Diese Person erwartet Leistung von anderen, jedoch in erster Linie von sich selbst. Sie wird ein gutes Vorbild sein, lebt allerdings mit der Gefahr, alles nach ihrer recht subjektiven Meinung zu beurteilen.

Entscheidend weiterhin: Sie besitzt Humor und kann auch über sich selbst lachen. Die innere Selbstsicherheit und Überzeugungskraft wird nicht auf einem Tablett vor sich hergetragen. Auf leere Komplimente ist man wenig angewiesen, zumal dieser Mensch nicht in kurzen Zeiträumen denkt.

Damit sind wir bei Violett angelangt. Diese Farbe der dritten Stufe besagt, daß in der Tiefe ein starkes archetypisches Erbe vorhanden ist. Vom Unbewußten (man kann auch sagen von der Seele her) existiert hier eine wirklich tiefe Verbindung zur Mystik und zur Religion. Es ist eine starke Sehnsucht nach Wandlung, nach Entwicklung, nach innerer Öffnung und Erfahrung vorhanden. Die Gegenwart ist für diesen Menschen mehr als das Heute, sie wird immer in Verbindung mit der Vergangenheit und der Zukunft gesehen.

Die junge Dame war über das Ergebnis sehr überrascht. Der Farbpsychologe hatte bewußt nur in der dritten Person gesprochen, aber in einer Beratung ergeben sich ja aus diesem Test oft sehr intensive Gespräche. Gerade dann, wenn es zum Beispiel um eine Zielrichtung für das gesamte Leben geht. Etwa in puncto Beruf oder Familie.

Gerne wird dieser Test dazu benutzt, Menschen, die sich für eine Anstellung beworben haben, zu prüfen. Man will damit erkennen, ob sie sich anpassen können (Grau), ob sie gerne arbeiten (Grün oder Braun) oder aber, ob sie im tiefsten Inneren oppositionell eingestellt sind (Rot).

Die junge Dame sagte, sehr zögerlich zuerst, daß sie in sich immer schon gespürt habe, daß sie besondere Aufgaben erfüllen müsse und daß sie etwas im Zwiespalt stände zwischen äußerem Erfolg im Leben und der eher stillen Hinwendung zu anderen Gebieten, wie etwa der Religion. Dieses Problem würde sie fast zerreißen, weil sie sich äußerlich nicht sehr zurückhalten könne. Sie wäre schon gerne immer der Mittelpunkt, aber auch gleichzeitig sei ihr die innere Auseinandersetzung sehr wichtig. Sie glaubte, sich mehr in die Stille zurückziehen zu müssen.

Hier soll noch einmal betont werden, daß sich im Laufe des Lebens die Farbauswahl häufig ändern kann. Lebenserfahrungen spielen hierbei eine große und wichtige Rolle, so daß in Krisensituationen oder Entwicklungsschüben dieser Test normalerweise wiederholt werden muß. In der Regel ist aber festzustellen, daß sich die dritte Farbe, die der Seele nämlich, nur sehr selten, höchstens ein- oder zweimal, ändert.

Unsere junge Dame war doch sehr angetan. Sie lüftete jetzt das Geheimnis ihrer Berufsrichtung. Sie war eine sehr erfolgreiche Texterin in der Werbebranche und war immer wieder vor die Frage gestellt worden, ob sie nicht selbst eine Agentur aufmachen könnte. An Geldgebern hätte es nie gefehlt. Obwohl sie gerne Besitzerin eines eigenen Werbestudios geworden wäre, ahnte sie insgeheim, daß sie der Beruf dann auffressen würde. So aber unternahm sie Reisen nach Ägypten, Indien und Mexiko und fühlte sich von den dortigen Kulturen sehr angetan. Das alles wurde ihr jetzt klar. Sie stand vor einer wichtigen Schicksalsentscheidung.

Sicher laufen nicht alle Farbtests so entscheidend ab. Meist ist dies ein Test, um einen Menschen in seinen ureigenen Grundzügen kennenzulernen, um sich ein halbwegs zutreffendes Urteil bilden zu können.

Zweites Beispiel

Eines Tages kam ein Mann in die Beratung, der ein Hotel achtzig Kilometer von Frankfurt entfernt aufgemacht hatte. Der Ort war winzig, und es war nicht so leicht, geeignetes Personal zu finden. Ein wichtiger Posten war der des Chefs an der Rezeption. Mehrere Bewerbungen lagen vor. Unser Hotelbesitzer konzentrierte sich auf eine Person, aber er war sich immer noch nicht ganz sicher. So kam folgender Test zustande.

Der Mann, der sich für den Posten beworben hatte, wählte ziemlich schnell, fast zu spontan, folgende drei Farben:

Braun
1

Beige
2

Weiß
3

Beurteilung

Die Farbe Braun als erste gewählte Farbe besagt, daß der Mann sowohl einen guten Eindruck machen wird als auch zuverlässig erscheint. Das ist für so einen Posten durchaus wichtig und gut. Die Farbwahl spricht auch für eine gewisse Bescheidenheit und vermittelt den Einruck des Fleißes.

Ferner scheint die Eigenschaft vorhanden, sich für eine ihm gemäße Aufgabe einzusetzen, die jedoch von anderen gestellt werden muß. Allerdings besteht kaum die Bereitschaft, sich hetzen zu lassen. Gesundheit und Ruhe sind diesem Mann viel wert.

Die zweite Farbe war Beige, wiederum eine Mischfarbe. Über die Gedankenwelt dieses Mannes besagt das, daß er wohl wenig Eigeninitiative mitbringen dürfte und kaum eine eigene Meinung vertreten wird. Er wird mehr oder weniger opportunistisch all das tun, was er als Anordnung gesagt bekommt. In Streitfragen wird er versuchen, immer neutral zu reagieren, was für diesen Posten an und für sich nicht schlecht ist. (Der Mann hatte auch gute Zeugnisse.) Seine diplomatischen Fähigkeiten sind recht hoch einzuschätzen.

Betrachten wir nun die dritte Farbe. Diese Farbe ist wohl immer die wichtigste Farbe, weil die Eigenschaften, die sie symbolisiert, sehr verdeckt sind. Weiß für die Seele besagt hier, daß dieser Mann auf seine Erfahrungen baut und an eine schöne Zukunft denkt. In seinem tiefsten Inneren interessiert ihn der Alltag nicht allzu stark. Er sehnt sich nach innerer Harmonie, die ihm erlaubt, das Leben voll auszuschöpfen. Sicherheit bedeutet ihm sehr viel. Er wird seinen Posten zur Zufriedenheit erfüllen, aber Eigeninitiative und eigene Ideen sind nicht zu erwarten.

Beurteilung

Wenn von diesem Mann keine geschäftliche Eigeninitiative verlangt wird, dürfte er für diesen Posten geeignet sein. Er wird die Dienstzeit korrekt einhalten, aber viele Überstunden oder Sondereinsätze sind von ihm nicht zu erwarten. Er sorgt für andere, wird sich aber nur auf seinen Rezeptionsbereich konzentrieren. Die Funktion als stellvertretender Hotelbesitzer wäre bei ihm nicht gut aufgehoben.

Wie man sehen kann, erlaubt dieser Farbtest recht genaue Informationen über die Testperson, die sicherlich auch auf andere psychologische Art und Weise gefunden werden können. Allerdings nicht so schnell und so einfach.

Drittes Beispiel

Ein älterer Casanovatyp, der schon etwas müde geworden war, wollte wissen, ob er überhaupt für eine feste Bindung mit einer Frau tauge. Eine Gelegenheit würde sich jetzt anbieten. In dem Beratungsgespräch nannte er folgende drei Farben:

Orange 1
Gold 2
Rot 3

Beurteilung

Ein temperamentvoller Mann, der viel von sich hält, ließ sich bereits auf den ersten Blick feststellen. So wie er auftrat, hatte der Berater eigentlich als erste Farbe Rot erwartet, aber es kam Orange. Ein Zeichen dafür, daß seine Einstellungen in puncto Partnerbindungen nun schon etwas vernünftiger geworden waren.

An dieser Stelle möchten wir einschieben, daß immer erst das Problem genannt werden muß, dann sollte – mit der Blickrichtung auf das Problem – die Farbauswahl erfolgen. Es geht nicht an, diesen Farbtest für alle Probleme auszuwerten. Die Farbauswahl wird bei Partnerfragen mit Sicherheit anders ausfallen als bei dem Gedanken an einen möglichen Berufswechsel.

Unser Casanova war zwar äußerlich schon etwas vernünftiger geworden und zielte daher auch auf eine Bindung. Alles, was er vortrug, klang sehr überzeugend. Dabei war er nach wie vor von einer beneidenswerten Selbstsicherheit.

In geistiger Hinsicht (Gold) waren seine guten Vorsätze für eine Partnerschaft auch ernst zu nehmen. Aber er wollte nicht etwa zurückstecken, wie es eine enge, andauernde Beziehung erfordert, sondern er wollte der König und Herrscher bleiben. Die Farbe Gold verriet dies ganz offensichtlich. Gelb kann schon das Verschwinden einer Egozentrik bedeuten. Nicht aber die Farbe Gold. Gold beansprucht einfach die Führungsrolle. Als das Gespräch darauf zu sprechen kam, war seine Antwort: „Es gibt keine gute Partnerschaft, ohne daß einer von beiden die Führung übernimmt. Ich würde ja mit der Führung auch die Verantwortung übernehmen."

Von daher schien das Problem lösbar. Aber da war ja noch die dritte Farbe. Rot als Farbe der Seele, als der tiefsten Schicht in einem Menschen, das schien doch problematisch. Wir wissen, daß sich der Seelengrund schwer, und wenn, dann nur in kleinsten Etappen ändert. Die entscheidenden Impulse kommen von der Seele her. Diese sind stärker als alle Vernunftgedanken, als alle vom Kopf her gesteuerten Einsichten. Für die Dauer einer Partnerschaft entscheidet die dritte Farbe, das hat sich in der Praxis immer wieder bestätigt.

Rot ist eine besonders schöne Farbe, die viel Feuer und Energie sowie Einsatz verspricht. Es ist aber auch eine sehr emotionale, man kann auch sagen, egozentrische Farbe. Wenn hier also noch signalisiert wird, daß Lust und Leidenschaft in der Seele leben, kann einfach keine Zustimmung zu dem sicherlich ehrlich gemeinten Wunsch nach einer Bindung erfolgen. Der Mann belog sich selbst am meisten – nicht einmal so sehr seine Partnerin. Dieser Farbtest ergab für den Ratgeber, von einer festen Partnerschaft recht energisch abzuraten. Seine wirkliche Seelenlage ließe sich auf Dauer nicht verleugnen.

Der Mann war, was die dritte Farbe betraf, mit dem Test überhaupt nicht einverstanden. Er verabschiedete sich mit einem süffisanten Lächeln und ging. Aber schon neun Monate später rief er an, bat um eine neue Gesprächsstunde und gestand, daß seine Freundin „leider" ein Kind von ihm erwarte, er sich aber nicht an sie binden könne. Dann mit ironischem Unterton: „Es gibt halt zu viele anziehende Weibsbilder auf der Welt."

Hier ging oder geht es nicht darum, recht zu behalten. Sondern es soll aufgezeigt werden, daß dieser Farbtest sehr gut funktioniert. Natürlich nur, wenn er in ein wirklich ernsthaftes Beratungsgespräch eingebunden ist. So ein Test ist nun mal kein Gesellschaftsspiel, auch wenn dies mancher anfangs so denken mag.

Der Partnerdialog

Fünfte Farbdarstellung

Besonders aufschlußreich vermag ein **Partner-Farbdialog** zu sein. Das heißt ein Dialog in Farben. Er gibt sehr viele Aufschlüsse über Möglichkeiten des Zusammenarbeitens oder des Zusammenlebens. Auch, ob eine Partnerschaft sich gut für Geschäfte eignet oder nicht.

Zwei Personen sind dafür notwendig, zum Beispiel ein Paar, das sich zusammentun will, oder eines, das in die Krise gekommen ist, aber auch Geschäftspartner, eine Erbengemeinschaft oder andere Partner. Wer diesen Dialog eröffnet, ist gleich, und am besten sollten sich die Partner selbst darüber einigen. Um diesen Test jedoch zügig zu gestalten, werden hier keine Kästchen ausgemalt, sondern Farben genannt.

Nun kommt es darauf an, zu sehen, ob sich die Farben ergänzen, die von den beiden Partnern gewählt wurden. Dies ist bei harmonischen Bindungen meist der Fall. Oft zeigt sich aber auch ein tiefer Gegensatz, ja sogar der Wille zur Konfrontation. Manchmal erkennt man auch Schwierigkeiten, die noch behoben werden können.

Die Farben werden auf einem Zettel untereinander geschrieben, wobei die Partner jeweils abwechselnd die Farben wählen. Jeder der beiden darf dreimal vorlegen und muß dreimal antworten.

Um eine Differenzierung zu erzielen, läuft alles wie ein Gespräch ab. Eine Farbe wird vom ersten Partner vorgelegt, auf diese antwortet der zweite Partner. Dann legt der zweite Partner vor, der erste antwortet und ist nun sofort wieder mit der Vorlage dran. Das kann dann folgendermaßen aussehen, wobei die unterstrichenen Farben immer die sind, die als erste vorgelegt werden und den Partner zur nächsten Aussage auffordern sollen. Die nicht unterstrichenen Farben sind die Antworten. Es wird sich hierbei übrigens nicht vermeiden lassen, daß sich die Farben mehrmals wiederholen.

1. Partner:	2. Partner:
Schwarz	Bronze
Blau	Gelb
Rot	Violett
Braun	Grün
Silber	Gelb
Gold	Beige

Erstes Beispiel

Ein älteres Ehepaar kam in die Beratung. Sie waren seit achtundzwanzig Jahren verheiratet und nun seit kurzer Zeit beide in Rente. Sie hatten sich beide nicht auf diesen neuen Lebensabschnitt vorbereitet und wußten nun nicht viel mit ihrer Zeit anzufangen. Kurz gesagt, sie gingen sich auf die Nerven.

Da beide in sehr verschiedenen Berufen gearbeitet hatten, waren auch ihre Lebenszielvorstellungen völlig anders. Er hatte sich vorgenommen, im Alter viel zu reisen. Sie wollte sich dagegen sozial engagieren. Das Problem war, daß *er* aber nicht allein reisen mochte, weil er seine Frau – wie er es so hübsch formulierte – endlich einmal für sich haben wollte.

Der etwas lächerlich anmutende Streit hatte sich im Laufe der Zeit immer mehr zugespitzt. Schließlich brüllten sich die beiden Ehepartner nur noch an. Das Essen kam kalt auf den Tisch, die Post durfte nur er lesen und warf sie anschließend sofort in den Papierkorb. Schließlich kamen beide zu einer Beratung.

Er wählte die erste Farbe aus.

Er:	Sie:
Gold	Schwarz

Auf das Gold der Selbstüberschätzung (wie sie es nannte), setzte sie bewußt das Schwarze, das finstere Loch. Soll doch das Selbstbewußte untergehen! Dem setzte sie das Nachtlicht entgegen.

Er:	Sie:
Gold	Schwarz
	Silber

Er hatte ihren tiefen Humor gar nicht verstanden und meinte nun grundsätzlich seinen Machtanspruch zeigen zu müssen, der ihr wiederum „Stopp!" signalisieren sollte.

Er:	*Sie:*
Gold	Schwarz
Rot	Silber
Orange	

Auf Rot folgte eine weitere Signalfarbe, nämlich Orange. Nun zögerte sie. Sie meinte, er müsse doch einsichtig werden, und spielte – wie sie es dann später nannte – hoch. Sie wählte Violett.

Er:	*Sie:*
Gold	Schwarz
Rot	Silber
Orange	Violett

Violett ist die Farbe der höheren Einsicht, die Farbe des Religiösen und der inneren Spiritualität. Nun gab sie die Vorlage und lenkte ein. Sie wählte das hoffnungsfrohe Grün, worauf er spontan das Blau aussuchte.

Er:	*Sie:*
Gold	Schwarz
Rot	Silber
Orange	Violett
Blau	Grün

Er hatte das Violett unbewußt begriffen, wie er später sagte, und wohl wegen des Streites seine Weisheit verloren. Das wollte er mit dem Blau signalisieren und außerdem mitteilen: „Ich möchte ja die Ruhe bewahren!" Er wollte aber auch den Himmel beschwören. Denn die Farbwahl Grün seiner Frau zeigte ja an, daß sie das Wachstum wollte, die Hoffnung nicht aufgegeben hatte und ihm wohl doch nicht grundsätzlich böse war.

Aber was für eine Farbe würde er jetzt wählen? Eine typische Kompromißfarbe, nämlich Bronze.

Bronze ist eine Mischung aus Braun und Gold. Oder anders gesagt, das Gold schwappt nicht über, bleibt in der erdhaften Realität. Damit konnte sie – es sind ja alles mehr unbewußte Dialoge – etwas anfangen und wählte als Antwort Gelb. Gelb ist eine sanguinische Farbe, die sowohl eine Gesprächsbereitschaft signalisiert als auch eine innere Heiterkeit verströmt.

Er:	Sie:
Gold	Schwarz
Rot	Silber
Orange	Violett
Blau	Grün
Bronze	Gelb

Gelb ist das abgeklärte Gold. Sicher wollte sie damit zu „seinem" Gold zurückfinden. Nur durfte eben das Gold nicht alles überstrahlen. Nun war es an ihr, die letzte Farbe vorzulegen. Und sie wählte wieder das Grün. Staunen bei ihm, dann lachte er, überlegte kurz und wählte auch Grün. Das hieß nun: Uns kann doch nichts trennen.

Er:	Sie:
Gold	Schwarz
Rot	Silber
Orange	Violett
Blau	Grün
Bronze	Gelb
Grün	Grün

Der Streit war wohl nur aufgesetzt. Beide Ehepartner wollten recht behalten. Es war zuerst mehr ein „Mensch ärgere Dich nicht", das beide miteinander spielten. Aber dann eskalierte das Ganze, wurde fast zum Prinzip erhoben und drohte letztlich zu einer Gefahr für die Partnerschaft zu werden. Bei diesem Farbtest erkannten aber beide ihre eigenen Übertreibungen, die eine „ewige" Gemeinschaft keinesfalls zerbrechen lassen sollten.

Zweites Beispiel

Ein Problem unserer Zeit, das bestimmt noch häufiger auftauchen wird, ist die Frage: Ehe oder „freie Partnerschaft"?

Immer wieder werden junge Menschen vor die Entscheidung gestellt, ob in einer Partnerschaft die christliche Einstellung „bis daß der Tod Euch scheidet" gelten soll oder ob nicht doch durch eine „lockere Beziehung" die Freiheit der einzelnen Partner besser gewährleistet wird. Seltsamerweise ziehen viele junge Menschen die Ehe vor.

So auch Ingrid und Wilfried. Seit drei Jahren wohnten sie bereits zusammen und kannten, wie sie meinten, die kleinen und großen Schwächen des anderen. Aber ihnen fehlte doch anscheinend eine offizielle Bindung.

Nun, die Entscheidung darüber ist sicher nicht nur durch einen Farbtest zu treffen. Aber sowohl Ingrid wie auch Wilfried wollten unter einer neutralen Obhut diesen Test durchführen.

Wir zeigen jetzt alle sechs Farbpaarungen auf einmal, damit jeder für sich seine Schlußfolgerung ziehen kann. Dabei sei erwähnt, daß das persönliche Kennen der Beteiligten natürlich genauere Rückschlüsse zuläßt. Ingrid war gegen die Ehe. Wilfried aber wollte eine „totale" Bindung ohne „wenn und aber".

Streit gab es, wer beginnen sollte. Dann hieß es: ladies first!

Ingrid:	Wilfried:
Smaragdgrün	Purpur
Orange	Rubin (Rot)
Bronze	Silber
Türkis	Gold
Beige	Schwarz
Grau	Grün

Beurteilung

Es fällt auf, daß sehr differenzierte Farben gewählt wurden. Daraus kann man schließen, daß dieser Test entweder schon einmal gemacht wurde oder daß sich beide doch so gut kennen, daß sie sehr viel vom anderen wissen.

Wilfrieds Farben sind klarer, deutlicher, während Ingrid eher Mischfarben, man könnte auch sagen, die Farben des Kompromisses gewählt hat. *Er* betont sehr stark seine Individualität. Trotzdem ist er bereit, für die Ehe seine Individualität aufzugeben. *Sie* ist, den Farben nach, schon weit weg von ihrem Ego und hat daher wohl Angst, zu sehr auf den Partner einzugehen.

Ingrid fing mit Smaragdgrün an. Das ist – wie bereits beschrieben – eine Farbe, die auf „archetypische" Spuren führt: Was wertvoll war, wurde auf Smaragdtafeln notiert. Damit wird, bewußt oder unbewußt ausgesagt, daß Ingrid die Bindung, so wie sie ist, als wertvoll erscheint. Sie braucht für diese Partnerschaft nicht noch eine festere Fessel durch eine Institution. Bindungsringe trugen sie übrigens beide an ihren Händen.

Wilfried ließ sich nicht lumpen. Gegen Smaragdgrün setzte er, wenigstens seiner Meinung nach, die Farbe der Farben. Er wählte Purpur.

Purpur ist – wenn auch etwas verdeckt – die Farbe der Könige oder Kaiser. Mit dieser Farbe wird ein Anspruch auf Führung erhoben. Damit sagt Wilfried, daß es nach ihm gehen soll.

Seine erste Vorgabe war: Rubin. Rubin ist ein Rot, aber kein gewöhnliches Rot. Der Begriff Rubin verbindet sich wieder mit einem Anspruch. Rot wählen viele, wenige aber die Farbe Rubin. Der vierzigste Hochzeitstag wird als die Rubinhochzeit bezeichnet. Dies bezeugt Wilfrieds Willen zu einer sehr langen Bindung. Was antwortete Ingrid auf diese Herausforderung? Orange.

Hier gibt sie ein starkes Signal von sich. Übrigens das einzige Signal. Alle anderen Farben sind im äußeren Anspruch sehr viel bescheidener.

Ingrid signalisiert: „Achtung Gefahr! Überfahren lasse ich mich nicht!" Anschließend wählte sie die Farbe Bronze. Bronze ist ein Braun in der Verbindung mit Gold. Ein bescheidener Glanz, ein Glanz mit Tradition. Dieses Metall hat zwar eine ganze Zeitepoche bestimmt, aber diese Epoche ist keine Goldene gewesen.

Wilfried verstand dies sehr gut und setzte gleich zwei Edelmetalle dagegen. Zuerst das Silber und dann das Gold. Olympische Farben: Bronze – Silber – Gold. Nur umgekehrt in der Siegerordnung. Wilfried gab seinen Führungsanspruch nicht auf.

Es war unbewußt klug von Ingrid, dann das Türkis dagegenzusetzen. Türkis ist eine kühle, aber erfrischende Farbe, die das Nervensystem beruhigen hilft. Doch Türkis zeigt auch eine Entwicklung an. Es ist hier ein Zeichen des Einlenkens oder zumindest der Bereitschaft, daß nicht alles so bleiben muß, wie es ist.

Ihre Vorlage war dann Beige, eine Mischfarbe, die als ausgesprochen neutral gilt. Ingrid will also keine Konfrontation – schon gar nicht nach außen. Wer Beige trägt, möchte nicht auffallen und ist im allgemeinen sehr hilfsbereit.

Aber der Hammer kam jetzt. Wilfried wählte auf die neutrale Farbe Beige das bedingungslose Schwarz: eine spontan ausgelöste böse Reaktion. Als wenn man sagen würde: „Gute Nacht, schlaf wohl – aber ohne mich!" Hier hieß dies: „Zappenduster – aus!" Eine echte Abreaktion.

Das schien Wilfried bewußt geworden zu sein, denn seine letzte Vorlage war das Grün. Die Farbe des Wachstums und der Hoffnung. Wer diese beiden Farben nacheinander wählt, der ist von Launen geplagt, der scheint in sich sehr zerrissen zu sein. Solche Menschen müssen erst ihre Mitte finden.

Das hat Ingrid gut begriffen, denn ihre letzte Antwort hieß: Grau. Die Farbe der Toleranz, der Mitte. Die Farbe zwischen Licht und Dunkel. Das bedeutete hier: „Warten wir ab, du scheinst noch nicht bereit zu sein, nachzugeben. Werde erst so reif wie ich. Später reden wir noch einmal darüber!" Und so war es, die Diskussion über die Ehe wurde verschoben. Ingrid hatte nicht direkt ein „Nein" ausgesprochen, aber eine Entwicklung verzögert.

Drittes Beispiel

Da waren zwei Brüder, die völlig verschiedene Charaktere aufwiesen. Sie waren sich zwar äußerlich ähnlich, aber in ihren Ansichten konträr. Beide hatten das Geschäft ihres Vaters geerbt. Die Frage stand im Raum: „Wie soll es weitergehen?"

Der eine Bruder, wir nennen ihn Max, wollte das Geschäft weiterführen. Aber Richard, so nennen wir den zweiten Bruder, war der Ansicht, man solle verkaufen und den Gewinn teilen, denn gut bei Kasse waren beide nicht. Max wollte nicht unter Preis verkaufen, Richard dagegen war dafür, das Minusgeschäft – wie er es nannte – abzustoßen. Eine Einigung war schwer.

Nun kamen die beiden Brüder nicht zur Beratung, um eine Entscheidung über Verkauf oder Nichtverkauf herbeizuführen, sondern sie wollten sich über ein neutrales Gespräch irgendwie neu kennenlernen. Sie wußten, daß durch jahrzehntelange Vorurteile eine Diskussion immer mit Streit enden würde. Wir zeigen wieder die gesamte Auslegung in einem Zug.

Richard:	Max:
Gelb	Braun
Orange	Grün
Silber	Blau
Schwarz	Bronze
Gelb	Grün
Weiß	Blau

Beurteilung

Das war spannend, denn die Wahl der Farben – geredet wurde dabei nicht – dauerte doch gut eine Viertelstunde. Die Farben sind sehr unterschiedlich. Bei Richard fällt auf, daß bei den vielen hellen Farben, die er wählte, das Schwarz so markant dagegensteht. Max zeigt sich real (Braun) und hoffnungsvoll (zweimal Grün), sozusagen dem Himmel vertrauend (zweimal Blau), aber diese Farben offenbaren ein rationales Verhalten.
Max hat die klarere Linie. Während bei Richard, wenn man Schwarz und Weiß ansieht, wohl viele verschiedene Stimmungen mitsprechen.
Zuerst signalisiert Richard mit Gelb: „Denke nach, ich warne!"
Darauf antwortet Max: „Ich sehe schon alle Realitäten, weiß jedoch, daß echte Chancen bestehen, hier etwas aufzubauen (Braun)." Er gibt Grün vor und zeigt damit, daß er sehr optimistisch ist.
Richard antwortet mit der Signalfarbe Orange und meint mit Silber, daß er an eine hohe Wertsteigerung zwar nicht glaube, aber bereit sei, nicht nur nein zu sagen.
Die Antwort von Max lautet: „Habe nur Vertrauen, ich schaffe das schon! Ich nehme Blau, erwarte aber realen Gewinn mit Bronze. Das Vorhandene ist zu einem Gewinn zu wandeln!" Da sieht Richard nun allerdings Schwarz, und gibt noch einmal vor: „Bitte denke genau nach!"

Max läßt sich nicht erschüttern, er zeigt mit Grün und Blau seine Grund-hoffnung und sein Vertrauen, worauf Richard mit der Farbe Weiß zur Kapi-tulation bereit ist. Max erweist sich also als der Stärkere, und das erkennt letztlich auch Richard an. Wie ging es nun aus?

Max übernahm das Geschäft und zahlte seinen Bruder aus, der zuerst mehr Geld sehen wollte, sich aber dann doch auf die Ratenzahlungen einließ.

Die Pyramide

Sechste Farbdarstellung

Dies ist wohl die wichtigste Farbdarstellung, weil sie am häufigsten gebraucht wird. Man bekommt gute Hinweise für augenblickliche Pläne und Vorhaben. Dabei geht es weniger darum, ob ich meinen jetzigen Plan ausführen soll, sondern mehr um das „Wie".

Wie lerne ich meine augenblickliche Stärke richtig einzuschätzen? Ich weiß zwar, was ich bewußt will, aber ich weiß nicht, was mein Instinkt, mein Unterbewußtsein dazu sagt. Das sind entscheidende Fragen, die das Schicksal sehr beeinflussen können. Denn wenn mehrere Anläufe schiefgegangen sind, dann verlieren manche ihren Mut und ihr Selbstvertrauen.

Aber wie in sich hineinschauen?

Der **Pyramidenfarbtest** bietet dazu eine hervorragende Möglichkeit. Jeder weiß, daß es Zeiten gibt, in denen uns bestimmte Farben anziehen und andere Farben abstoßen. Dadurch entstehen häufig Mißverständnisse.

Das fängt oft schon beim Äußeren eines Menschen an. Obwohl es nicht stimmt, sind die meisten Leute der Meinung, daß Blondinen die erfolgreicheren und auch anziehenderen Frauen sind als Braunhaarige oder Schwarzhaarige.

Die Ansicht „blond ist gut und lieb", kann man schon in den deutschen Märchen nachlesen. Die Gold- und die Pechmarie etwa oder die Geschichte vom blonden Aschenputtel bezeugen es. Blonde sind nicht nur gut, sondern besser. Sicher ein dummes Vorurteil, aber es funktioniert eben!

Selbstverständlich gibt es dann auch die Geschichten vom blonden Biest. Diese sind dann keine Märchen mehr, sondern haben sich durch die Erfahrungen „blondgeschädigter" Männer etabliert. Und manche von ihnen fühlen sich vom Schicksal betrogen.

Das heißt aber nicht, daß die „falschen" Blonden nun alle unbedingt raffiniert und berechnend sind. Das ist nur ein Beispiel, um zu zeigen, wie eine Farbe über die anderen triumphiert. Hier also Gelb und Gold über Braun und Schwarz.

Es mag auch stimmen, daß manche Männer die falschen Blumen zur falschen Zeit schenken. Nicht alle Frauen lieben rote Rosen, nur weil sie am meisten besungen werden. Wo bleiben die Lieder über den gelben Ginster oder die gelben Sommer- und Butterblumen? Mit der richtigen Auswahl fühlen sich Frauen oft zutiefst verstanden.

Oder umgekehrt. Es gibt Männer, die die Farbe Braun nicht mögen, sondern eher für das Graue sind. Bekommen sie nun die wertvollste Brieftasche in Braun geschenkt, dann werden sie diese nicht benutzen.

Es ist oft genug betont worden, daß die Vorliebe für bestimmte Farben oder die Abneigung gegen bestimmte Farben Erfahrungen und Stimmungen unterliegen, die tief im seelischen Bereich des Menschen wurzeln. Darauf baut unsere sechste Farbdarstellung in Pyramidenform auf.

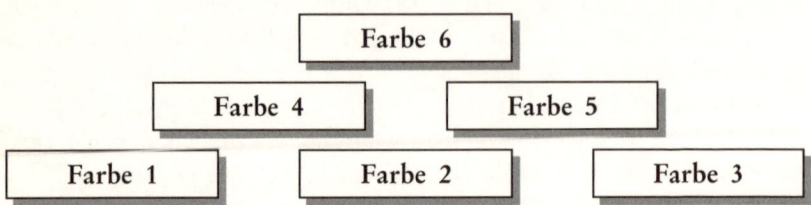

Die *untere Reihe* mit den drei Farben spiegelt die Ausgangsbasis wider. Die Impulse, die den Start zum Ziel anzeigen. Die *mittlere Reihe* mit zwei Farben zeigt den notwendigen Einsatz, während die *obere Reihe* mit nur einer Farbe das Ziel symbolisiert. Wir haben also insgesamt sechs Farben, wobei sich – wie bei jedem Test – einzelne Farben durchaus wiederholen können. Die Farben sind jeweils mit bestimmten Nachdenkausrichtungen zu wählen, auf die man den Fragenden hinweisen sollte.

Es geht hier nicht um Lieblingsfarben – bestenfalls bei der Farbe 6 – sondern um innere Impulse, die ja im Tiefsten einem Plan zu Grunde liegen, und die nun nach Möglichkeit aufgedeckt werden sollen.

Jeder kann seine eigene Fragestellung wählen. Der Autor gibt hier nur Anregungen, die sich in seiner Praxis gut bewährt haben.

1. Farbe: Welche Farbe symbolisiert den *Herzenswunsch* für Ihren Plan?
2. Farbe: Welche Farbe symbolisiert *Ihre seelischen Tendenzen?*
3. Farbe: Welche Farbe symbolisiert die *Realität?*
4. Farbe: Welche Farbe symbolisiert Ihren *persönlichen Einsatz?*
5. Farbe: Welche Farbe symbolisiert die *Grenzen Ihres Einsatzes?*
6. Farbe: Welche Farbe symbolisiert *Ihr Ziel?*

Die Pyramide sieht folgendermaßen aus:

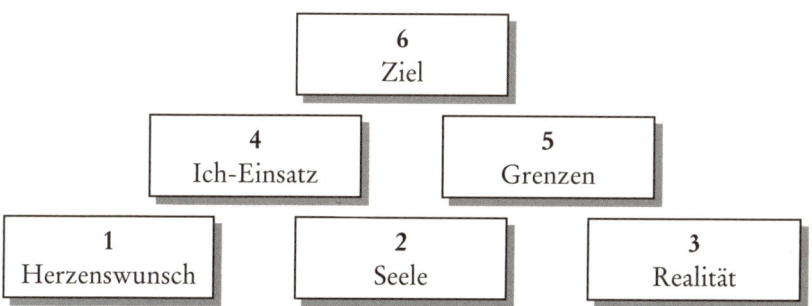

Hinter jedem Plan muß also ein Herzenswunsch stehen, der aber nicht mit der Seelenlage oder dem Unbewußten identisch sein muß. Wer die Realität nicht mit einbezieht, ist verloren. Der eigene Einsatz muß Voraussetzung für das Gelingen sein. Wer aber die Grenzen der Planausführung, die sich einstellen können, nicht beachtet, steht auf verlorenem Posten.

Die Praxis hat gezeigt, daß es am besten ist, wenn zuerst alle Farben der Pyramide genannt oder ausgemalt werden und dann das Gepräch über die einzelne Farbwahl beginnt.

Erstes Beispiel

Helmut war in einem städtischen Gartenbaubetrieb angestellt. Damit war er eigentlich auch sehr zufrieden. Er hatte immer schon viel Wert auf Sicherheit gelegt, und hier war er praktisch unkündbar. Da er jedoch in einem öffentlichen Park arbeitete, bekam er immer wieder Kontakt zu den Besuchern. Bald wurde er aufgefordert, sich nach Feierabend mal diesen, mal jenen Garten anzuschauen. Anschließend wurde dann das Anliegen vorgebracht, ob er – natürlich schwarz und nach Feierabend – nicht diese oder jene Gartenarbeit verrichten könne. Da es Helmut meist an Geld mangelte, willigte er ein und erlebte, daß man gerne seine geforderten Preise zahlte, die sich an den Preisen der freien Gartenunternehmer orientierten. Als die Arbeit überhandzunehmen drohte und das Gartenamt davon Wind bekam, überlegte Helmut, ob er sich nicht selbständig machen sollte. Natürlich stand die Sicherheit auf dem Spiel. Aber er rechnete aus, was er als „freier" Gärtner in den zweiundvierzig Stunden verdienen könnte, die er als städtischer Angestellter wöchentlich arbeitete.

Helmut bat um einen Farbtest. Es ergab sich folgendes Bild:

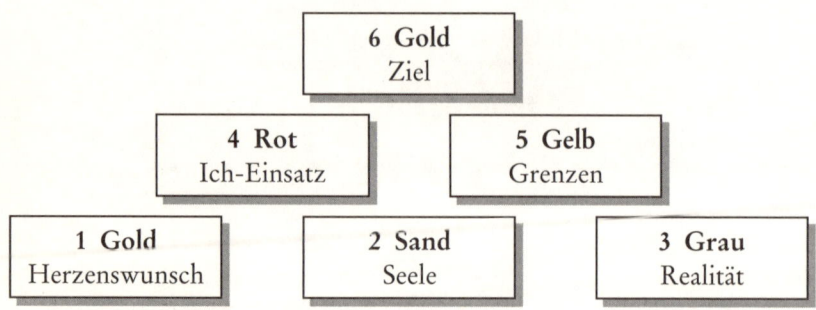

Beurteilung

Es fällt auf, daß der Herzenswunsch mit dem Ziel gleichgesetzt wird, was als sehr vielversprechend anzusehen ist. Helmut möchte das symbolische Gold erreichen, wohl auch Reichtum.

Aber die Seele zeigt sich recht vorsichtig. Auf Sand gebaut – das ist eine Warnung, die man nicht überhören sollte. Sand ist eine neutrale Farbe; daraus kann man schließen, daß es sich hier um eine Warnung aus dem Unbewußten handelt.

Die Realität schätzt Helmut wohl recht nüchtern ein. Halb und halb. Die Farbe zwischen Schwarz und Weiß.

Jetzt kam das Problem: Helmut müßte sein Angestelltenverhältnis aufgeben. Damit würde er die Pensions-, wenn auch keine Rentenansprüche verlieren. Das wäre schon ein großes Wagnis, auf das sich heutzutage nicht jeder einlassen möchte. Helmut wußte also, worum es ging. Daher setzte er als Farbe des persönlichen Einsatzes auch Rot. Mit aller Leidenschaft müßte er hinter seinem Plan stehen! Ein Zurück würde es nicht geben.

Aber es wollen ja auch die Grenzen bedacht werden. Die Farbe Gelb, die Helmut gewählt hatte, signalisiert zwar eine Nachdenklichkeit, aber keinesfalls eine Ängstlichkeit! Sogar eine sanguinische Grundauffassung. Er konnte sich nicht vorstellen, auch wenn er die Realität (Grau) als fünfzig zu fünfzig eingeschätzt hatte, daß es für ihn Grenzen geben würde. Immerhin, Helmut zeigte sich mutig und optimistisch. Mit dieser Analyse ging er, fest entschlossen zu kündigen.

Dann passierte es: Seine Frau wurde krank. War das eine Warnung ihrer Seele? Und als er kündigen wollte, stellte man ihm eine Beförderung in Aussicht. Es war eine völlig neue Lage.

Die Frage, ob er den Test ein zweites Mal machen wolle, verneinte er. Er bat nur noch einmal um ein ausführlicheres Gespräch über seine Farbpyramide. Grundsätzlich können zwar dabei nur noch Nuancen erläutert werden, aber auf das Rot angesprochen, meinte Helmut: „Es mag sein, daß meine Frau mich unbewußt warnen will, aber vielleicht will sie auch nur unbewußt meinen Mut erproben. Ich werde darüber mit ihr sprechen."

Das Gespräch fand statt, seine Frau willigte in die Kündigung ein. Und sie ist heute, in einem blühenden Geschäft, seine beste Mitarbeiterin. Das war vor vier Jahren. Inzwischen hat Helmut vier Angestellte, mehrere Einsatzwagen und erfreut sich bei der Kundschaft einer außergewöhnlichen Anerkennung, ja Sympathie.

„Eins", so sagte er, „geht mir nicht mehr aus dem Sinn: Das ist die Farbpyramide, die ich mir zu Hause aufgemalt und über meinen Schreibtisch gehängt habe." Kommentar überflüssig.

Zweites Beispiel

Die Werbebranche ist eine der härtesten Branchen, die es gibt. Jugend ist hier Trumpf. Wer ein gewisses Alter erreicht hat, ist verloren, auch wenn er selbst es noch gar nicht merkt.

Beate war so ein Fall. Sie war eine gute Texterin und Gestalterin und sprühte vor Ideen. So merkte sie gar nicht, wie sie ganz langsam abgebaut wurde. Man vergaß angeblich, sie zu Sitzungen einzuladen. Sie hörte Sätze wie: „Wir machen keine Werbung für Großmami und Großpapi." Diese Worte fielen auch, wenn Kritik an ihr geübt wurde, kurz – man grenzte sie immer mehr aus.

Es stellte sich bald für sie die Frage, ob sie kämpfen solle oder nicht? Sie begann sich heimlich bei anderen Werbestudios zu bewerben, aber sie erhielt nur Absagen. Absagen von Unternehmen, die sie früher hatten abwerben wollen. Schließlich sah Beate ihre Lage klar und richtig. Sie mußte sich für die zweite Berufslebenshälfte etwas anderes suchen. Wie es so geht, kam ihr der sogenannte Zufall zu Hilfe. Ein kleiner Buchverlag bot ihr die Pressearbeit an, wenn auch mit einem viel geringeren Fixum. Finanziell war das sicher ein klarer Abstieg, aber – sie sagte es selbst – sie könnte ihre Würde behalten.

Ein Problem blieb. Wenn sie kündigen würde, verlöre sie ihre Ansprüche an das Werbehaus. Sie muß sich also kündigen lassen. Aber das Haus dachte genauso! Man fing an, sie hinauszuekeln, und drängte sie, doch selbst zu kündigen. Kurz, es war ein Vabanquespiel, und es ging jetzt nur um die richtige Verhaltensweise, die der Farbtest untermauern sollte.

Der Test ergab folgendes Bild:

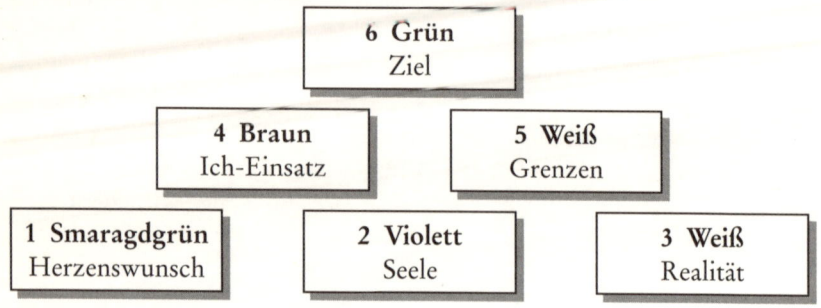

Beurteilung

Zunächst ein merkwürdiges Bild. Das Smaragdgrün als Farbe des Herzenswunsches zeigt an, daß Beate Hoffnung benötigt, und zwar dauerhaft. Sie möchte aber auch mit Würde und Anerkennung leben. Die Seele fordert sogar mehr. Ihr geht es nicht um eine materielle Ausrichtung, sondern um ein gutes Eingebettetsein, damit sie sich in Ruhe weiterentwickeln kann. Die Realität wird (Weiß) akzeptiert. Aber das Weiß will nicht befleckt werden, sonst ist das Weiß verdorben.

Der Ich-Einsatz richtet sich nach den realen Fähigkeiten, wie die Farbe Braun anzeigt, und ist auf einen längeren Kampf angelegt. Sie wird hart, aber auch federnd wie Holz sein.

Die Grenzen sind mit der gleichen Farbe besetzt wie die Realität, nämlich Weiß. Bespucken läßt sich Beate nicht. Auf der Weste darf kein schwarzer Fleck haften.

Das haben wohl auch alle Verantwortlichen langsam eingesehen, so daß sich die Hoffnung, gut zum Ziel zu kommen, durchaus erfüllen ließe. Beate verstand jetzt ihre inneren Antriebsgründe viel besser. Sie wollte nicht zuviel, aber Austricksenlassen kam nicht in Frage. Sie nahm daher die Stelle beim Buchverlag an, ehe sie mit der Werbefirma ins reine kommen konnte.

Es waren natürlich die Gespräche, die zu dieser Klärung führten. Die Ratsuchenden wissen wenig über die Aussage der Farben für ihre Stimmungen und Empfindungen. Die Farbe Braun beispielsweise war für den Einsatz schon bemerkenswert und zeigte, daß Beate gewillt war, ihren Weg zu gehen. Sie wußte zwar um ihre Zähigkeit, die Symbolik der Farbe Braun kannte sie allerdings überhaupt nicht (obwohl sie viel mit Farben zu tun hatte). Aber der Sinn dieser Aussage leuchtete ihr sofort ein. Auch die Symbolik des Smaragdgrün war ihr so nicht bekannt. Über die Sinnerklärung kann also viel mitgeteilt werden. **Die Farbensymbolik scheint jedesmal wie ein Schlüssel zum Unterbewußtsein zu ein, der einen Blick ins Innere erlaubt.**

Es kommt dabei auf die Art der inneren Einstellung an, wie vorgegangen wird. Die juristischen oder sonstigen Überlegungen sind nicht erkennbar. Aber die Grundhaltung zu kennen, das ist unerhört wichtig. Wenn ich weiß, was meine Seele will, wenn ich meine Grenzen kenne und akzeptiere, welche Stimmung oder unbewußte Überzeugung meinem Einsatz zu Grunde liegt, dann bin ich schon einen großen Schritt zur inneren Sicherheit gegangen, der mir nun auch bewußt geworden ist.

Drittes Beispiel

Philipp hieß der junge, recht ehrgeizige Steuerberater. Er hatte geheiratet, gerade als er seine Praxis ausbauen wollte. Es herrschte großer Platzmangel in der kleinen Wohnung. Er konnte dort zwar arbeiten, aber es war nicht möglich, dort Kunden zu empfangen. Viel Kapital war nicht vorhanden, und so kam es für ihn völlig überraschend, als ein Freund, der von Beruf Makler war, ihm ein Haus zur Miete anbot. Freude und Schreck zugleich. Die Miete war zwar relativ günstig, aber im Verhältnis zur jetzigen Wohnungsmiete doch viermal so teuer. Was also machen? Schiefgehen durfte das nicht. Sonst wäre er am Ende, bevor er überhaupt angefangen hatte. Sein Pyramidenbild:

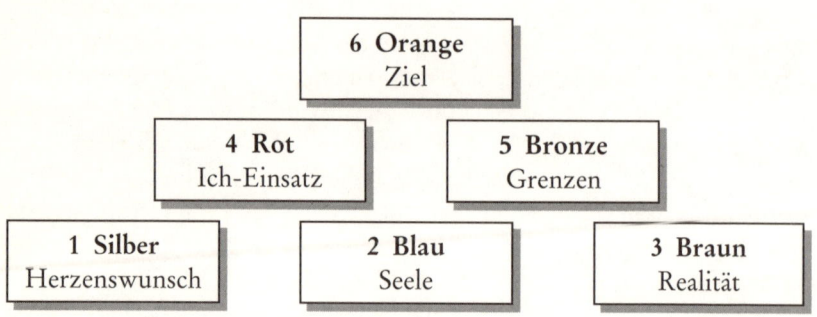

Beurteilung

Das war ein nicht sehr anspruchsvolles, man könnte auch sagen, ein sehr realistisches Farbbild. Der Herzenswunsch griff nicht zu hoch, Silber ist nicht Gold. Das spricht schon für eine gewisse Bescheidenheit. Daß die Seele das Schöne will, sich aber doch nicht zu sehr engagiert, unterstreicht den Herzenswunsch zwar, aber bläht ihn nicht auf.

Für die Realität wählte Philipp die reellste Farbe, die es gibt: Braun. Er sieht also Möglichkeiten, daß eines Tages Wachstum entsteht, aber er richtet sich auch auf eine gewisse Dauer ein. Hier ist er also bei aller Skepsis doch recht optimistisch.

Ganz im Gegensatz dazu steht die Farbe Rot als Einsatzfarbe. Es geschieht sehr häufig, daß hier Rot ausgewählt wird. Das soll die Bereitschaft unterstreichen, alles zu geben. Die Gefahr besteht jedoch darin, daß die Kräfte zu schnell verbraucht werden. Dies wurde Philipp als Warnung mitgegeben.

Für die Grenzen hatte Philipp überraschenderweise Bronze ausgesucht. Bronze gilt schon als Edelmetall, das aber noch eine starke Beziehung zur „Mutter Erde" hat. In diesem Fall bedeutet es, daß Philipp bereit ist, sich über die Grenzen hinaus zu engagieren. Er ahnt wohl, wie schwer es sein wird. Er will aber etwas wagen, um an sein Ziel zu kommen.

Das Ziel setzt Philipp mit der Farbe Orange sehr hoch an. Hier hat man das Gefühl, daß dies ironisch gemeint sein könnte. Es scheint übersteigert, und man erkennt daraus – so gut auch alle anderen Farben gewählt wurden –, daß er den ganzen Test nicht allzu ernst nahm. Das ist durchaus gestattet. Philipp entschied sich für das Haus. Er nahm einen Kredit auf, um die Miete für das erste Jahr bezahlen zu können. Das gab ihm Sicherheit. Nach drei Jahren kam er in einem orangefarbenen Jackett und lachte herzlich. Er hatte es geschafft. Die Freude war natürlich groß, als er verkündete: „Das ist schon seit langem meine Lieblingsfarbe!"

Der Fragebogen

Siebte Farbdarstellung

Diese Farbdarstellung erscheint sehr leicht. Es wird auch nicht gemalt. Der Fragebogen kann auch zu Beginn der Farberatung ausgefüllt werden. Das wird gern gemacht, weil man meint, so mit den Ratsuchenden in einen näheren Kontakt zu kommen.

Und doch ist es nicht empfehlenswert, denn die Aussagen der Ratsuchenden sind am Ende einer Beratung meist besser, weil sie sich mehr in die Farben eingelebt haben und daher den psychologischen Inhalt einer Farbe besser verstehen. Zudem hat sich herausgestellt, daß der Fragebogen zu Beginn einer Beratung immer anders ausgefüllt wird als am Ende. Letztlich bleibt es selbstverständlich jedem selbst überlassen, wann er dem Ratsuchenden den Fragebogen vorlegt. Vorgelegt werden sollte er aber auf jeden Fall, denn die Fragen und Antworten gehen zum großen Teil auf die reale Alltagssituation ein.

Aber immer sollte man bedenken: es handelt sich um die gedankliche oder gefühlsmäßige Aussage der Farben. Daher sollte man sich beim Ausfüllen dieses Fragebogens die Farben geistig vorstellen und dann nennen. Es reicht, wenn jemand sagt: „Braun, eher dunkler als hell."

Fragebogen			
Haare:		Wunsch:	
Kleidung:		Wunsch:	
Feiertags-kleidung:		Wunsch:	
Wohnung:		Wunsch:	
Auto:		Wunsch:	
Blumen:		Wunsch:	
Visitenkarte:		Wunsch:	
Das Du:		Träume:	
Das Leben:		Wunsch:	

Die ersten zwei Fragen sind verhältnismäßig leicht zu beantworten. Für Damen mag das etwas schwieriger sein, weil gerade die Kleidungsfarbe oft mit der Mode wechselt. Die Wohnungsfarbe ist leider oft schon vorgegeben, aber die folgenden Fragen sind individuell zu sehen.

Worum geht es nun in diesem Fragebogen?

Es ist heute manchmal kaum möglich, sich von der Farbe her so zu kleiden, wie man es möchte. Über die Haarfarbe haben wir schon gesprochen. Aber es geht nicht nur um das Blond. Manche sind schon grau oder weiß geworden, wollen es aber nicht zeigen, weil sie der Ansicht sind, daß sie damit als alt und unbrauchbar abgestempelt werden.

Es muß also die Naturfarbe links, und die Farbe, welche man trägt (weil man es selbst so wünscht), rechts eingetragen werden.

Die Arbeitskleidung ist in vielen Berufen (Bäcker, Müllmänner, Feuerwehr) festgelegt. Bluejeans regieren bereits uniformmäßig, und „seriöse" Unternehmen schreiben ein korrektes Kostüm oder einen blauen oder grauen Anzug vor. Aber feiertags, da kann man sich nach der Farbe kleiden, die man liebt. Also erst einmal eintragen, wie die *Wirklichkeit* aussieht, das gibt die *linke Spalte* wieder. Wie es sein könnte oder *was wäre wenn*, das kommt in die *rechte Spalte.*

Zur linken Spalte: Wer sich dem Modediktat unterwirft, weniger seine Lieblingsfarbe wählt, sondern lieber die aparte Modefarbe „Sumpf" vorzieht, der ist eher opportunistisch einzuschätzen.

Erstes Beispiel

Eine junge Dame, nennen wir sie Susanne, sah gut aus und war stolz auf ihre Fähigkeiten, meinte aber, daß sie kaum noch lachen könne. Das Leben sei doch zu mies. Sie käme mit sich nicht zurecht, sie fände nicht den richtigen Partner, überhaupt mache ihr alles keinen Spaß.

Im Beruf war sie sehr tüchtig. Sie war Fachberaterin in der Textilbranche. Susanne aber meinte, daß sie im Grunde doch nur eine Verkäuferin sei, wenn auch eine sehr gute. Es mache sie einfach depressiv, diesen Job nur in schwarzer Kleidung ausführen zu dürfen.

Susanne füllte dann den auf Seite 122 abgebildeten Fragebogen aus.

Fragebogen			
Haare:	Brünett	Wunsch:	Blond
Kleidung:	Dunkel	Wunsch:	Hell-creme/gelb
Feiertags-kleidung:	Hell	Wunsch:	Orange
Wohnung:	Beige	Wunsch:	Vielfarbig
Auto:	Blau	Wunsch:	Metallic Bronze
Blumen:	Bunt	Wunsch:	Gelb
Visitenkarte:	nicht vorhanden	Wunsch:	Smaragd
Das Du:	Dunkel	Träume:	Rot (Hölle)
Das Leben:	Blau und Grün	Wunsch:	Blau und Grün

Beurteilung

Unser Gespräch begann mit dem folgenden Dialog:
„Was wäre nun, wenn Sie sich im Alltag nicht so dunkel kleiden würden?"
„Dann wäre ich meine Stellung los."
„Sie würden sicher bald eine andere Stelle finden."
„Nicht mit dem Geld und den vielen Zulagen."
Hier überwiegt ein Gewinnstreben, was dadurch erhärtet wurde, daß Susanne zwar feiertags gerne Orange tragen würde, sich aber wegen der wenigen nicht verregneten Sonntage kein orangefarbenes Kleid kaufen wollte. Wieder das materielle Denken! Das gleiche galt auch ein wenig für ihre Wohnung. Sie hatte sie in einem halbwegs guten Zustand übernommen und hätte sie nun vielfarbig gestalten können. „Aber für wen?" warf sie ein.

Bis jetzt erkennen wir deutlich, daß Susanne kaum ihrem Impuls folgt. Sie ist das Kind einer materiellen Gesellschaft. Auch ihr Auto war so eine günstige Gelegenheit. Ein bronzefarbenes Cabriolet hätte doppelt so viel gekostet.

Der Wunsch aber nach den smaragdgrünen Visitenkarten zeigt, daß sie sich im Kern gerne von anderen abheben möchte. Aber was tut sie dafür?

Der Mann, der ihr einmal begegnen sollte, müßte ein dunkler Typ sein. Sie meinte, der sei eigenwilliger und auch mit mehr Temperament ausgestattet als ein fader Blondtyp.

„Das sind keine Erfahrungen, sondern Vorurteile", wurde ihr gesagt, bevor der nächste Punkt, die Lebensfarbe angesprochen wurde. Blau und Grün solle das Leben sein. Also himmlisches Wachstum voller Freude und Frische. Aber genau das fehlte ihr selbst, so daß die Frage im Raum stand: „Was tun Sie eigentlich dafür?"

Susanne war ziemlich geplättet. Das Gespräch, das nun folgte, war zunächst recht traurig und löste Depressionen aus. Susanne empörte sich überhaupt nicht und meinte nur: „Ja, was mache ich eigentlich für mich?" Sie erkannte, daß ihr Leben völlig anders verlaufen könnte, wenn sie sich endlich nach ihren Wunschfarben richtete. Das löste eine Traurigkeit aus.

Nun vermag Trauer durchaus ein Kapital zu sein, aus dem man sehr viel Hoffnung schöpfen kann. Aber die Initiative liegt bei einem selbst. Susanne wollte alles mehrmals überschlafen, und ihr ist klar geworden, daß die Wunschfarben durchaus Wegweiser sein können.

Zweites Beispiel

Ein Mann – recht selbstbewußt im Auftreten – war sich seiner Sache irrsinnig sicher: „Ich weiß genau, wo mein Leben lang läuft. Aber wissen Sie, ein guter Freund gab mir den Rat, mal bei Ihnen vorzusprechen. Denn er hat mir zum Geburtstag die Beratung geschenkt. Also, da bin ich nun, und ich bin sehr neugierig. Außerdem lasse ich mich gerne unterhalten, und ich lache ja auch sehr gern!" Er lachte wirklich schallend, laut und unecht. Der Fragebogen wurde ausgefüllt.

Fragebogen			
Haare:	Braun	Wunsch:	Braun
Kleidung:	Grau/Blau	Wunsch:	Grau/Blau
Feiertags-kleidung:	Gelb	Wunsch:	Gelb
Wohnung:	Weiß	Wunsch:	Hellgelb
Auto:	Silber	Wunsch:	Silber
Blumen:	Egal	Wunsch:	Keinen
Visitenkarte:	Blau	Wunsch:	Purpur
Das Du:	Blond	Träume:	Mal so, mal so
Das Leben:	Grün	Wunsch:	Smaragdgrün

Beurteilung

Das war nun wahrlich ein schwerer Fall. Der Farbpsychologe bedauerte sehr, dem arroganten Mann nicht die Tür gewiesen zu haben. Dabei hatte er durchaus den Eindruck, daß dieser völlig ehrlich geantwortet hatte. Das war kein Bluff.

Wenn sich Wirklichkeit und Wunsch so oft decken, dann ist die Mitte, ja man kann sagen der Lebensinhalt erfüllt. Es folgte – mehr aus Verlegenheit – die Frage nach dem Beruf. Die Antwort „Ich bin Hotelier."

Daher also der Gleichklang zwischen der Berufs- oder Alltagskleidung mit der Wunschkleidung. Der Mann erläuterte: „Ich bin geworden, was ich werden wollte – Hotelbesitzer."

Nun war klar, warum in puncto Kleidungsfarbe keine Wünsche existierten. Man war auf das Erreichte sehr stolz. Das galt auch für die Feiertagsfarbe: „Sonntags gebe ich immer einen Champagnerempfang für meine Gäste, da zeige ich mich farbiger". Der Mann hatte plötzlich ein Lächeln in seinem Gesicht: „Was ich möchte, das leiste ich mir. Ich habe keinen besonderen Autowunsch. Auf Komplimente oder Geschenke anderer lege ich keinen Wert mehr. Gut, ich gelte als leicht arroganter Snob, aber es ist nicht verboten, auf seine eigenen Leistungen stolz zu sein. Und ich bin irgendwo sehr stolz auf mich, schon weil mir das niemand zugetraut hat und heute niemand gönnt."

Mit diesem Satz kam ein ins Unbewußte verdrängtes Minderwertigkeitsgefühl zum Vorschein.

„Diese Minderwertigkeit ist es also, die Sie im Tiefsten noch immer drückt, so daß Sie sich purpurfarbene Visitenkarten anfertigen lassen wollen."

„Die sind schon in Auftrag gegangen."

„Sie wollen in Ihrer Umgebung als großer Mann gelten, aber die Frau, die Sie suchen, die kommt nicht – noch nicht."

Der Mann wurde blaß: „Ich liebe üppige Blondinen. Habe aber Angst, daß die mich nur ausnutzen."

„Daher haben Sie auch keine bestimmten Träume?"

„Träume sind mir egal."

„Nicht Ihre Wachträume!"

Das war hart. Es kam heraus, daß der Mann noch lernen mußte, daß man für Geld nicht alles kaufen kann. Das stimmte ihn tief traurig, zwang ihn zum Angeben, und deshalb wollte er aus seiner Lebensfarbe Grün auch Smaragdgrün machen. Aber das ist nicht käuflich, das muß man sich innerlich erarbeiten.

Es folgte ein langes Gespräch über dieses Thema. Am Ende stand der Satz: „Sie sagten in puncto Lebenspartnerin: noch nicht. Ich versuche auch das zu schaffen – ohne Geld." Dann ging er.

Drittes Beispiel

Dieses Beispiel hat etwas von unfreiwilliger Komik an sich. Da kam ein Mann, Mitte Dreißig, den wir Wilfried nennen wollen. Von ihm erwarteten alle Menschen, daß er ihnen Glück bringen sollte, obwohl er sich gar nicht glücklich fühlte. Er war Schornsteinfeger. Aber unfreiwillig!

Als sein Vater frühzeitig starb, drängte ihn seine Mutter, das Geschäft zu übernehmen, obwohl Wilfried diesen Beruf überhaupt nicht mochte. Aber er tat seine Pflicht und turnte auf den Dächern der Stadt herum. Wo er hinkam, wurde er angetatscht, weil das ja Glück bringen soll. Gerade dies haßte er bis aufs Blut. Aber was sollte er dagegen machen?

Er kam nun zum Farbpsychologen. Ob er seinen Beruf wechseln sollte? Er könnte das Geschäft verkaufen und etwas anderes beginnen. Von seiner Mutter hatte er sich inzwischen abgenabelt.

So kam es zum Fragebogen.

Fragebogen			
Haare:	Blond	Wunsch:	Egal
Kleidung:	Schwarz	Wunsch:	Hell
Feiertags-kleidung:	Hell	Wunsch:	Hell
Wohnung:	Hellgrau	Wunsch:	Farbiger
Auto:	Braun	Wunsch:	Rot
Blumen:	Egal	Wunsch:	Bunt
Visitenkarte:	Grau	Wunsch:	Lustiger
Das Du:	leuchtend	Träume:	Rot/Violett
Das Leben:	Schwarz	Wunsch:	Gold/gelb

Beurteilung

Ein Glücksbringer ohne eigenes Glück. Wilfried hatte bereits mehrere Farbtests hinter sich. Es ging nur noch um einen Abschlußtest. *Dabei kann es natürlich passieren, daß Erkenntnisse aus den vorhergegangenen Farbtests in diesen Fragebogen mit eingeflossen sind.*

Wilfried gab hier recht realistische Antworten. Er legte sich kaum auf eine Farbe fest, wie es überhaupt den Anschein hatte, daß er sich nicht so schnell entscheiden wollte.

Daß er helle Kleidung auch feiertags bevorzugte, dürfte einleuchtend sein. Aber auf bestimmte Farben wollte er sich nicht festlegen. Auf eindringliches Befragen antwortete er: „Na ja, vom Hellgrau bis zum Beige – aber kein Hellgrün, Hellrot oder Hellgelb."

Also herrschte der Wunsch nach einer eher anonymen Kleidung vor, die von keiner Mode abhängig war.

Nur bei der Autofarbe, da brach es heraus. Der Wunsch, rasant zu sein wie die Feuerwehr, aufzufallen und auch, vom Unbewußten her, anderen vielleicht einen Schreck einzujagen, das wurde hier sehr deutlich. Gut getarnt kam hier auch ein gewisser Siegeswille zum Ausdruck. Das löste Fragen nach den inneren Zielen aus. Wollte Wilfried immer der Erste und der Beste sein? Das wurde von ihm bejaht, auch daß er Unterordnung hasse. Ein Stau auf der Autobahn würde ihn verrückt machen.

Er brauchte eine leuchtende Ergänzung, und da seine Träume auch rot bis violett waren, wurde Wilfried bewußt, daß es allein an ihm lag, wie weit er in seiner Entwicklung kommen würde.

In ihm lebt eine starke Ikarus-Sehnsucht, die ihn zur Sonne fliegen läßt.

„Ja, das will ich. Ich suche einen Job, der mich reisen läßt! Reisen in den Süden und in völliger Freiheit – also mit dem eigenen Auto. Ich lasse mich zur Zeit von einer Hotelkette zum Hoteltester ausbilden. Das wäre mein Traum!"

In diesem Fall will sich also jemand von seinen „alten" Farben abwenden, will zu neuen Farben vorstoßen und damit zu neuen Erlebnissen und zu neuen Erfahrungen kommen.

Mit Farben leben! Nicht im realen, aber im geistigen Sinn sind Farben der Schlüssel zum eigenen Verständnis und zum Verständnis anderer. Sie sind psychologische Wegweiser, die wir einfach wieder neu entdecken müssen. Vorlieben für, und Abneigungen gegen Farben können kaum mit dem Verstand analysiert werden. Sie kommen aus der Seele, zumindest aus dem seelischen Bereich. Aber wenn sich Lebensprägungen ändern, dann verändern sich damit auch Meinungen über Farben und die Vorliebe für bestimmte Schattierungen. Jeder kann sich auf diesem Gebiet fabelhaft orientieren. Er braucht sich nur im Alltag umzuschauen und sich dann ein Bild über Menschen und ihre Kleiderfarbe zu machen. Das gilt auch für Autofarben, Gartenbepflanzungen und Schaufenstergestaltungen. Hier kann jeder für sich ein Farbtraining absolvieren.

Literaturhinweis

An dieser Stelle sei auf verwendete Literatur hingewiesen:

- William Berton:
  „Colores – die Spiele der Farbenergie", 1994, Verlag Die Silberschnur
- Johann Wolfgang von Goethe:
  „Die Farbenlehre", Verschiedene Ausgaben
- Marie Louise Lacy:
  „Das Farborakel", 1991, Knaur, Esoterik
- Wulfing v. Rohr zusammen mit Ingrid S. Kraaz:
  „Die richtige Schwingung heilt", 1989, Goldmann
- Heinz Schiegl:
  „Colortherapie, 1991, Verlag Hermann Bauer
- Matthias Seefelder:
  „Indigo", 1994, ecomed verlagsgesellschaft

Achte Farbdarstellung

Bereits sehr viele mittelständische Unternehmer versuchen bei einer Neueinstellung von Personal eine Farbdarstellung einzusetzen. Wir nennen diese Darstellung *den Eignungstest.* Er ist sehr praktisch und eignet sich für fast alle Berufe.

Er muß natürlich je nach Berufsgruppe gedeutet werden. Bei einem Beamten etwa sollte die Farbe Braun eine nicht unwichtige Rolle spielen, bei einem Fußballprofi die Farbe Rot. Der Beamte braucht Sachlichkeit, der Fußballer Temperament und Feuer. Ein Autor benötigt sicher Gelb oder Violett. Ein Heilender, ob Arzt oder Sanitäter, könnte zur Farbe Türkis eine innere Beziehung haben.

Die nun folgenden Testkästchen sind in zwei Bahnen angelegt. Da haben wir einmal die *Senkrechte,* also 1, 2 und 3. Sie verkörpert **das Streben,** aber auch die Verwurzelung und die Krone.

Ferner haben wir die *Waagerechte,* also 4, 5 und 6. Hier geht es um die **innere Balance,** das Gleichgewicht, das eingehalten werden muß.

Das *Kästchen mit der Zahl 7* gilt sowohl für die Senkrechte wie für die Waagerechte. Es ist sozusagen die Mischung der beiden Linien, insbesondere der Kästchen 2 und 5.

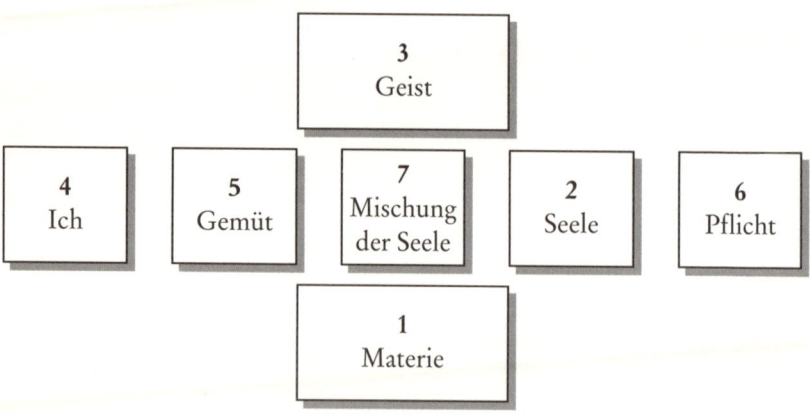

Senkrechte:

1 = Materie: Hier ist eine Farbe zu wählen, die auf das **vorhandene Material** hinweist, das heißt auf die Begabungen und Talente, auf die Wurzeln für unsere realen Taten und auf das Herkommen.

2 = Seele: Im Gegensatz zur Materie oder zum Realen wird hier eine Farbe für **das Unbewußte** gewählt, für die Tiefe. Gemäß der Reihe: Materie – Seele – Geist.

3 = Geist: Der Geist, der nach oben strebt, ein Ziel anvisiert, der uns das **innere Streben,** die Berufung farblich anzeigt.

Waagerechte:

4 = Das Ich, die **eigene Egozentrik,** die in jedem Menschen wohnt: Wenn ich nach oben strebe, darf ich nicht zu Fall kommen, sondern muß die innere Balance halten. Aber da muß das Gemüt auch mitmachen!

5 = Gemüt: Jedes Ich strebt aber zur Ergänzung.

6 = Die Pflicht für **das Du,** für meine Ergänzung: Aber es ist das allgemeine Du gemeint, das allgemeine Echo. Alles, was ich tue, hat ein Echo. Das Du oder die anderen legen uns jedoch Pflichten auf.

Damit wird klar, daß diese Farbe die entscheidende für den Eignungstest ist, wobei es natürlich auf die Art der Pflicht – wie vorn ausgeführt – ankommt.

Kästchen Nummer 7:

7 = Mischung von Seele und Gemüt. Hier wird keine neue Farbe gesucht, sondern es wird eine Mischung der Farben 2 und 5 gewählt. Also wäre 2 = Gelb, 5 = Rot, dann hätte das Kästchen 7 die Farbe Orange. Oder wäre das Kästchen 2 mit Rot ausgemalt, das Kästchen mit der 5 in Blau gewählt, dann würde das Kästchen 7 Violett sein. Hier gibt es nun Farben, die sich gut mischen, andere, die gar nicht harmonieren. Und das ist das Entscheidende. Man kann Eignungen nur dann gut bestehen, wenn in der Tiefe der Menschen eine innere Harmonie lebt.

Erstes Beispiel

Ein esoterischer Fachverlag suchte eine Pressesprecherin oder einen Pressesprecher. Drei Bewerber kamen in die engere Wahl, die dann alle zum Farbpsychologen geschickt wurden. Er sollte testen, welcher von ihnen für die Aufgabe am besten geeignet war. Es waren: eine junge Dame Mitte Zwanzig, eine ältere Dame, die schon Presseerfahrungen hatte, und ein Mann Anfang Vierzig, der früher selbst Bücher schreiben wollte.

Als erster kam der Mann in die Beratung. Er war ein wenig pikiert, daß er in seinem Alter noch so einen Test machen sollte. Andererseits hatte er soviel Humor, daß er sagte: „Mal sehen, was dabei herauskommt. Vielleicht werde ich auch noch einmal Farbpsychologe, ich habe in meinem Leben schon soviel Verschiedenes gemacht!"

Als er aufgefordert wurde, die sieben Kästchen auszufüllen, wußte er damit vom Gesamtbild her nicht allzuviel anzufangen. Erst als man ihm die einzelnen Stichworte nannte, fing er an die Kästchen, dann allerdings sehr schnell, auszumalen.

Das *Kästchen 1* malte er mit der Farbe Safari aus. In diesem Mann lebt also eine gewisse Abenteuerlust, lebt der Drang über den Horizont hinauszusehen und auch innerlich auf Reisen zu gehen. Kurz, er ist noch im guten Sinn neugierig und bereit, neue Aufgaben zu übernehmen.

Für das *Kästchen 2* wählte er die Farbe Grün. Seine Tiefe, seine Seele ist voller Hoffnung, ja optimistisch. Seine innere Kraft läßt sich nicht so leicht unterkriegen.

Das *Kästchen 3* bekam die Farbe Gelb. Sein Geist zeigt intellektuelle Aufgeschlossenheit, er strebt nach Erfolg. Die Senkrechte offenbart folglich gute Voraussetzungen, was das Streben und den Ehrgeiz betrifft. Für das Esoterische vielleicht etwas zu glatt.

Nun zur Waagerechten. Es geht hier um die Balance. Die Linie gibt Auskunft, ob jemand das Gleichgewicht zwischen gesunder Egozentrik und dem Ergänzungsbedürfnis halten kann.

Das *Kästchen 4* wurde mit Rot ausgemalt. Dies bedeutet eine fast leidenschaftliche Ich-Sicht, der starke Wille, etwas für sich zu leisten. Es steht für Ehrgeiz und heftige Emotionen.

Das *Kästchen 5* erhielt die Farbe Smaragd. Das ist nicht so leicht zu deuten. Es zeigt aber, daß der Mann in sich sehr tief verankert ist und sich im Innersten schon für etwas Besonderes hält. Sicher versteht er es, mit seinem Auftreten einen sehr guten Eindruck zu machen.

Das *Kästchen 6* schließlich wurde mit Purpur ausgemalt. Das war ein Hammer! Seine Ego-Sicherheit vermag der Mann ohne weiteres auf das Du, auf die Ergänzung und auf die Pflicht zu übertragen. Jedoch besteht die große Gefahr, daß er lieber delegiert, als selbst anzupacken. In einem kleinen Verlag kann das durchaus problematisch werden.

Wenn wir uns nun an das Kästchen machen, wo es um die Mischung von 5 und 2 geht, kann man sagen, daß sich das Grün mit dem Smaragd gut zu verbinden vermag. Folglich lebt in dem Mann eine recht ansprechende seelische Grundharmonie. Das Gesamtbild sah wie folgt aus:

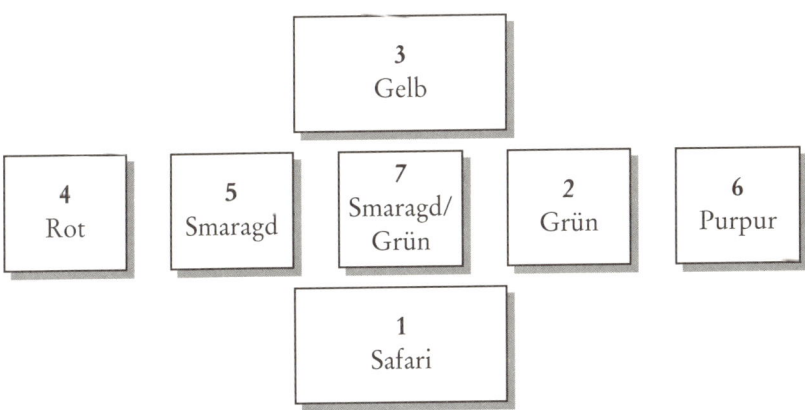

Dieser Mann zeigte sich für den Posten sicher geeignet, wenn auch die Frage auftauchte, warum er bis jetzt noch keine Karriere gemacht hat. Das lag sicher an einer zu selbstbewußten Einstellung und daran, daß er ungern selbst mitanpackte.

Als zweite Testperson kam die junge Frau Mitte Zwanzig an die Reihe.
Das *Kästchen 1* malte sie ganz spontan mit der Farbe Blau aus. Sie würde also sicherlich mit viel Optimismus, aber bestimmt auch mit einer gewissen Coolheit an die Arbeit gehen und dabei einfach ihrem eigenem Geschick vertrauen.

Das *Kästchen 2* erhielt die Farbe Gelb, was darauf schließen läßt, daß sich die Frau in ihrem Ehrgeizstreben mit allen Kräften einsetzt. Sie ist voller Kommunikationsbereitschaft und strebt unbewußt der Sonne entgegen. *Kästchen 3* müßte dies bestätigen, es wurde mit der Farbe Tannengrün ausgemalt. Das war für das Alter der jungen Person überraschend, denn es weist darauf hin, daß sie ihr Streben auf Dauer anlegt. Sie würde also diesen Posten kaum als vorübergehenden Karrieresprung ansehen. Sie sagte, daraufhin angesprochen, daß sie mit dem Team nach oben kommen wolle. Das *Ich-Kästchen 4* bekam die Farbe Braun: Ich-Realität, aber auch Zuverlässigkeit, was ja nicht immer anzutreffen ist. Der Eindruck, den diese junge Dame machte, war daher auch eher bürgerlich und nicht überspannt.

Kästchen 5 für das seelische Gleichgewicht des Gemüts erhielt die Farbe Beige. Das zeugt für eine innere Anpassungsfähigkeit.

Blieb das *6. Kästchen*. Es wurde mit der Farbe Bronze gefüllt. Zuverlässigkeit, die aber strebsam ist. Die junge Dame würde sicher für den Verlag alles real Mögliche tun, damit dieser glänzen kann.

Kästchen 7 war kein Problem, denn Gelb und Beige können sich gut verbinden: die Diplomatie ist hier mit einer zielgerichteten Geistigkeit gepaart. Hier das Gesamtbild der jungen Frau:

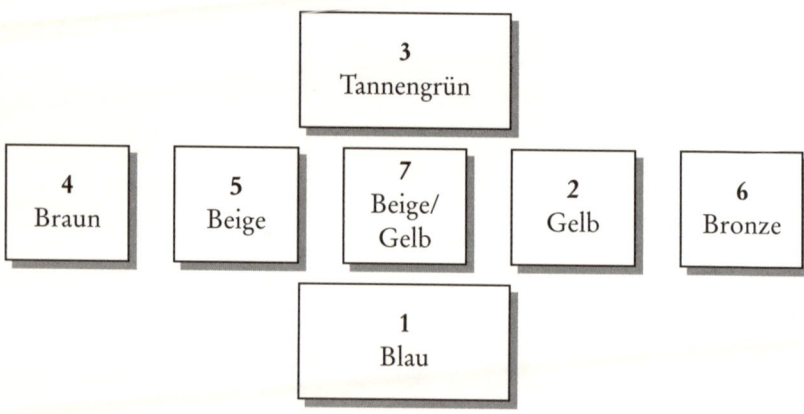

		3 Tannengrün		
4 Braun	5 Beige	7 Beige/ Gelb	2 Gelb	6 Bronze
		1 Blau		

Hier sehen wir, daß die junge Frau ebenfalls für den Posten geeignet erscheint.

Doch nun zur Dame, die seit Jahren einen Pressejob ausgeübt hat. Ohne Test liegt die Vermutung nahe, daß sie einen Altersplatz für sich sucht.

Das *Kästchen 1* wurde mit Türkis ausgefüllt. Als Ausgangspunkt also: auf Erfahrungen gebaute Hoffnung. Später sagte die Dame dazu, daß sie Türkis wählte, weil sie mit der Esoterik hilfreiche Erfahrungen gemacht habe. Die Farbe für das *Kästchen 2*, also für das Strebende in der Seele oder Tiefe, war das Silber. Hier wird unbewußt eine glänzende Erfahrung eingesetzt. Das Silber dokumentiert eine wissende Substanz.

Kein Wunder, daß dann *Kästchen 3* mit Violett ausgemalt wurde, was auch auf starkes esoterisches Engagement hindeutet.

Interessant war nun die Waagerechte. Es überraschte sehr, daß die Dame für das *Kästchen 4* die Farbe Schwarz wählte. Sie wollte dies später erläutern.

Das *Kästchen 5*, das für die Tiefe des Gemüts und des Gleichgewichts steht, bekam die Farbe Indigo. Das seltene Blau, das Königsblau also, das auch für eine Himmelsausrichtung spricht, die in der Dame wohnt.

Die Farbe für das *Kästchen 6* war Weiß. Die Dame wollte damit zum Ausdruck bringen, daß sie aus der Finsternis des Ichs zur Du-Beziehung strebt. Eine tolle Balance, die da zum Vorschein kommt! Aus der Finsternis zum Licht zu streben, ist eine Aufgabenauffassung, die übrigens auch in der Senkrechten denkbar wäre. Bleibt das *Kästchen* mit der *Nummer 7*. Die Vereinigung der Farben aus 5 und 2. Das Indigo wird aufgehellt, bekommt einen gewissen Glanz, so daß eine interessante Mischung entsteht. Hier das Gesamtbild:

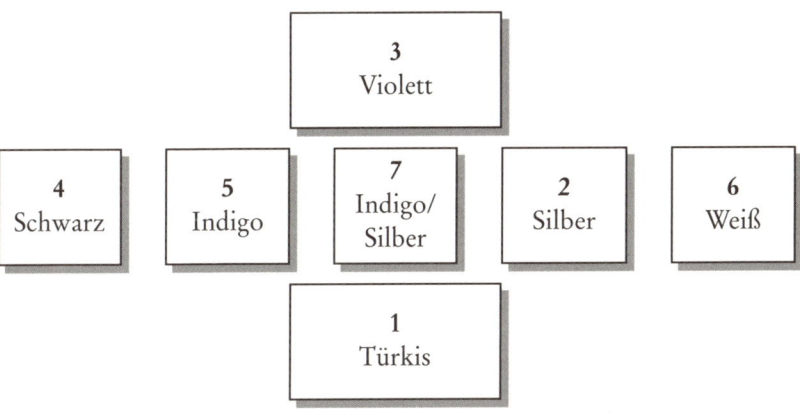

Man kann sagen, daß auch diese Testperson geeignet scheint. Der Verlag hat also aus fünfundzwanzig Bewerbungen eine sehr gute Vorauswahl getroffen. Das Urteil des Farbpsychologen war sicher nicht allein entscheidend, aber doch mit entscheidend. Es wurden noch je ein schriftliches Gutachten angefertigt, das wir uns hier ersparen können, aber wir fassen es in kurzen Stichworten zusammen.

Gesamtbeurteilung

Der männliche Bewerber brennt vor Ehrgeiz. Er wird sich sehr für seine Aufgaben einsetzen, aber vielleicht kann er nicht genug hinter der Aufgabe zurückstehen. Es besteht die Gefahr, daß die Autoren aus der Öffentlichkeit verdrängt werden.

Die junge Frau ist sicher sehr begabt und einsatzfreudig und wird sich schnell einarbeiten.

Die ältere Dame hat Erfahrung, tiefes esoterisches Wissen und wird sich ohne Vorurteile ihren Aufgaben stellen.

Noch einmal alle drei Testergebnisse hintereinander:

Der Mann

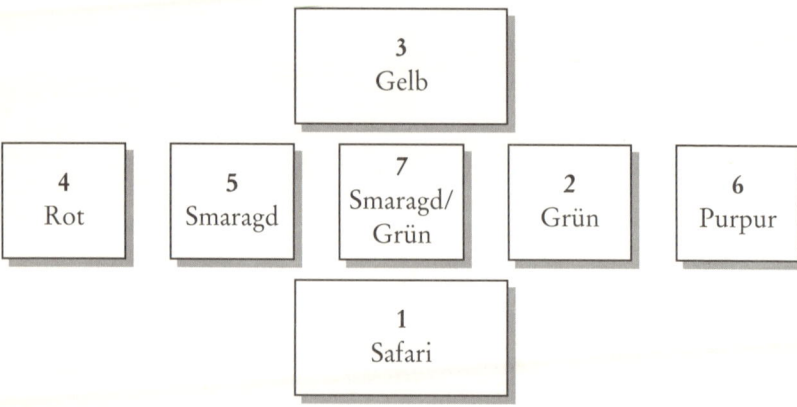

Die junge Frau

		3 Tannengrün		
4 Braun	**5** Beige	**7** Beige/ Gelb	**2** Gelb	**6** Bronze
		1 Blau		

Die ältere Dame

		3 Violett		
4 Schwarz	**5** Indigo	**7** Indigo/ Silber	**2** Silber	**6** Weiß
		1 Türkis		

Gut, wenn sich jeder sein persönliches Urteil bildet!
Es sei nur darauf aufmerksam gemacht, daß es gefährlich ist, gewisse Vorurteile zu pflegen. Etwa: Wir bevorzugen grundsätzlich eine Frau. Oder: Wir wollen eine junge Kraft beziehungsweise wir suchen Erfahrungen gepaart mit Verbindungen. Diese Überlegungen müssen vor der Auswahl geklärt werden, bevor die Bewerberinnen und Bewerber zu diesem Test gebeten werden.

In diesem Fall schied der Mann wegen seines zu persönlichen Ehrgeizes als erster aus. Dann wurde die Auswahl schwerer. Schließlich einigte man sich darauf, zunächst die ältere Dame fest zu engagieren, bot aber der jüngeren Frau an, auf Honorarbasis als sogenannte freie Mitarbeiterin mitzuarbeiten. Man stellte ihr fest in Aussicht, in vier Jahren den Posten der älteren Dame zu übernehmen. Die ältere Dame hatte dem zugestimmt.

Dieser Eignungstest über Farbdarstellungen dient nun nicht nur dazu, die richtige Person für den richtigen Posten zu finden, sondern er kann dazu beitragen, daß sich die Menschen selbst erkennen. Immer wieder erlebt man heute, daß viele junge Menschen nicht wissen, was sie werden wollen. Sie fühlen sich selten zu etwas berufen. Sie haben vielseitige Interessen, können sich dadurch aber auch nur schwer entscheiden. Die Medien vermitteln so viele Berufsmöglichkeiten, daß die Auswahl zu groß und damit die Qual der Wahl kaum zu umgehen ist.

Zweites Beispiel

Ein junger Mann kam zu einer Farbberatung. Klaus konnte sich bisher für keinen Beruf entscheiden. Er hatte keine persönlichen Interessen und bisher nur gejobt. Und sich damit manchmal sehr gut, manchmal weniger exklusiv über die Runden gebracht. Doch eines hatte er: viel Zeit verloren. Nun war er siebenundzwanzig Jahre alt und wußte immer noch nicht, was er beruflich anfangen sollte. Das war auch für den Farbpsychologen sehr mühsam, also fing er mit dem Eignungstest an.

Die Grundfarbe wurde gewählt: *Kästchen 1* erhielt Weiß. Erläuternd sagte Klaus: „Ich weiß nichts über meine Begabungen, meine Verwurzelungen. Ich habe zu Hause öfters ein Blatt Papier genommen, um darauf zu schreiben, was ich gerne machen würde, aber das Blatt blieb immer leer."

Nun, wer mit einem unausgefüllten Weiß anfängt, findet auch kaum eine Farbe für das zweite Kästchen, wo es um die Tiefe des Strebens geht.

Wohl mehr, um überhaupt eine Farbe zu wählen, nahm Klaus den Stift Beige und malte das *Kästchen 2* aus. Unbewußt gab er so zum Ausdruck, daß zur Zeit alles auf Sand gebaut sei. Aber Sand deckt auch alles zu.

Das *Kästchen 3* bekam die Farbe Grün. Hier zeigte sich dann doch eine echte Hoffnung. Klaus meinte zu dieser Farbe, wenn ihn etwas anlocke, sei es die Natur, da fühle er sich frei und wohl, da käme er zu sich.

Als Farbe für das *Ich-Kästchen 4* wählte Klaus Grau. Ziemlich resignierend, möchte man folgern. Grau ist zwar die Farbe der Toleranz, aber auch die der Resignation und der Verzweiflung.

Dieser Eindruck wurde jedoch bei *Kästchen 5* aufgehoben. Für das Gemüt wählte Klaus – Smaragd! Die Überraschung war groß. Zwar war auch hier Grün enthalten, aber doch ein eher bewahrendes Grün, ein Grün der Erfahrung, der Weisheit und der Dauerhaftigkeit.

Das *Kästchen 6* bekam die Farbe Braun. Braun, eine Farbe der Realität, aber auch des Beständigen, der Mutter Erde, eine Farbe, die Zutrauen gibt. Klaus war nun recht aufgeregt. Er sagte: „Diese drei Farben sagen mir zu, Grün, Braun und Smaragd, damit könnte ich was anfangen, aber was!"

Braun und Grün weist oft auf die Natur, auf das Wachstum und das Absterben hin. Doch es war einfach noch nicht einzuordnen.

Es fehlte noch das *Kästchen 7:* Smaragd und Sand. Zunächst spiegelt sich hier auch eine Zerrissenheit wider. Aber Zerrissenheit ist oft der schöpferische Impuls. Erst so wird der Funke geboren, der ein Feuer entfachen kann, obwohl bei Klaus noch nichts von einem Feuer zu spüren war. Kästchen 7 schien schwierig, denn Sand und Smaragd sind zwar keine allzu großen Gegensätze, zeigen aber auch kaum Vereinigungen, die Mischungen erlauben. Das Smaragd ist für Sand zu kostbar, der Sand vermag das Smaragdene schnell versinken zu lassen. Beide Farben zeigen eine Widersprüchlichkeit an, die dann Ausgangspunkt für die nächsten Gespräche wurde. Doch zuvor das Bild:

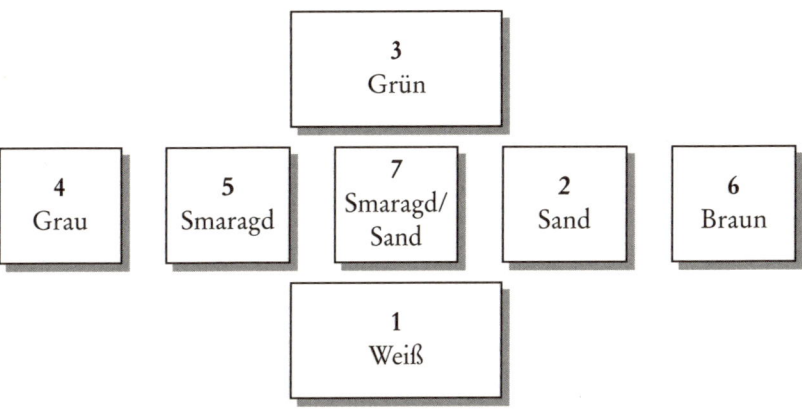

An diesem Nachmittag konnte nicht mehr herausgefunden werden, aber Klaus hatte sehr viele Anregungen bekommen. Er sagte immer nur: „Ich weiß nicht, warum, aber die Farben bewegen mich."

Es war der Beginn eines langen Arbeitsprozesses, wobei – das sei nicht verschwiegen – später auch das Horoskop sowie die Tarotkarten zu Hilfe geholt wurden. Oft schienen der Farbpsychologe und Klaus in einer Sackgasse zu landen, aber irgendwie ging es immer weiter.

Und doch hat dieser Farbtest den entscheidenden Impuls gegeben. Die Worte Natur und Holz gingen Klaus nicht mehr aus dem Kopf. Klaus interessierte sich für die Dinge in der Natur, wobei er über manche Umwege zu einem Tierpräparator kam, der für Museen arbeitete. Klaus stieg bei ihm ein und hatte seinen Beruf gefunden. Daneben fing er mit Holzarbeiten an, bei denen auch die Tiere eine wichtige Rolle spielten. Die ganze Entwicklung ging über Jahre. Doch der Anfang war mit dem Eignungstest gemacht. Der Ausgangspunkt, das Weiß eines leeren Blattes, wurde beschrieben, die Wegweiser wurden deutlicher.

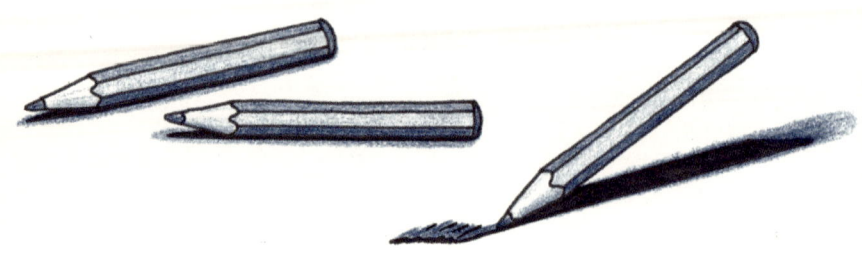

Eine Farbberatung

Der Ablauf Der Ablauf, der hier beschrieben wird, ist nur als ein Beispiel anzusehen. Es steht jedem frei, ihn zu ändern, oder gar einen ganz anderen Ablauf zu praktizieren. In dem hier erläuterten Muster steckt jede Menge an individueller Erfahrung. Man muß jedoch bedenken, daß die Zeit meist nicht ausreicht, um alle Farbdarstellungen zu absolvieren. Nach einer guten Stunde sollte die Beratung beendet sein.

Für die Wahl der Farben muß den Ratsuchenden Zeit gelassen werden. Das ist oft gar nicht so einfach, wie es auf den ersten Blick auszusehen scheint. Wenn jemand um Rat fragt, kommt es erst einmal darauf an, diesen Menschen möglichst ohne jedes Vorurteil anzunehmen.

Den Fragenden werden die zweiundzwanzig ausgewählten Farben in Form von Farbkarten oder Farbstiften vorgelegt. Das ist jedoch alles eine individuelle Entscheidung. Jeder kann andere Farben wählen, die er zur Beratung heranzieht. Allerdings kommt wohl keiner um die Grundfarben herum! Aber statt Beige kann Creme genommen werden, auch die Farben Rosa, Khaki oder Granat.

Die Erfahrung lehrt jedoch, daß es besser ist, wenn man nicht zu viele Farben benutzt! So könnte man am Anfang mit nur zwölf oder fünfzehn Farben beginnen.

Erster Vortest

In die Beratung kam Katja, Anfang Vierzig und sagte lediglich, daß sie sich in einer Lebenskrise befände. Ihr gehe es an und für sich gut, sie sei noch (das Wort noch betonte sie) gesund, mit dem Geld komme sie aus, im Beruflichen gehe alles recht gut voran. Auch ihre Ehe sei im Gegensatz zu dem, was man heute so hört, akzeptabel. Die beiden Kinder seien inzwischen aus dem Haus. Nun fehle ihr der Sinn des Lebens.

Katja sah sich anschließend die zweiundzwanzig Farbkarten intensiv an.

Der *erste Test* (er sollte möglichst immer ausgeführt werden) begann mit der Frage: „Welche Farbe bin ich?"

Sie schaute die Farbkarten an und zog dann die Karte Smaragd.

Die zweite Frage bei diesem Test lautet: „Als welche Farbe treten Sie in die Umwelt?" Katja überlegte: „Dunkelrot".

„Und welche Farbe symbolisiert Ihr Lebensziel?"
Antwort: „Gold."

Smaragd	**Dunkelrot**	**Gold**
Farbe,	Farbe, mit der ich	Farbe meines
die ich bin	auftrete	Lebensziels

Beurteilung

Dies sind sehr eindringliche und starke Farben. Sie sprechen für ihr Selbstbewußtsein, aber auch für Nachdenklichkeit und Sinnsuche. Smaragd deutet auf eine tiefe Verwurzelung hin. Katja weiß um die Archetypen, um das Lebendige der Traditionen. Alles Oberflächliche lehnt sie ab. Sie will hoch hinaus, sie weiß um ihren Wert. Im Auftreten sieht sich Katja eher als dunkelroter Typ. Also leidenschaftlich, aber verbunden mit Wissen und Erfahrung. Sie weiß sich auf ruhige und bestimmte Art durchzusetzen. Ihr Wille hat lange Wirkung.

Die dritte Farbe für das Lebensziel war Gold. Nun, fast jeder will zum Glanzpunkt kommen. Wenn aber die Hälfte des Lebens vorbei ist, spricht für das Gold der Sonne doch eine gewisse Naivität. So wurde Katja gefragt, ob sie den Glanz für sich selbst erwarte oder ob sie wie eine Sonne strahlen möchte, um andere zu wärmen, um anderen helfend beizustehen. Katja schaute erstaunt auf, antwortete nicht, schüttelte nur leicht den Kopf. Das hatte sie etwas getroffen.

Zweiter Vortest

Nun wurde Katja der *zweite Vortest – Der Stern* hingelegt. Sie malte die fünf Kästchen wie folgt aus:

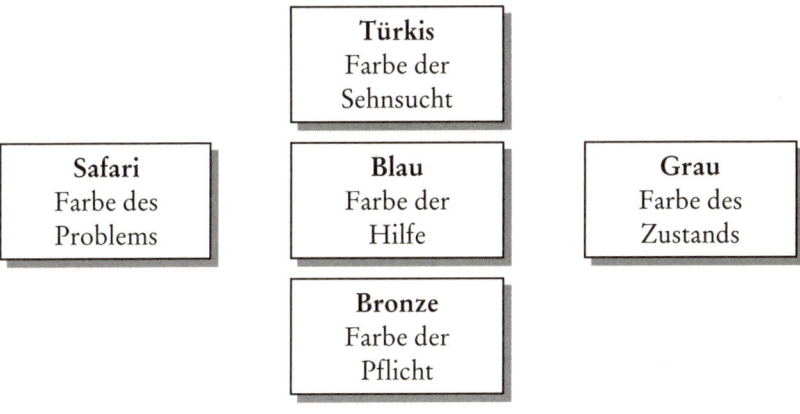

	Türkis Farbe der Sehnsucht	
Safari Farbe des Problems	**Blau** Farbe der Hilfe	**Grau** Farbe des Zustands
	Bronze Farbe der Pflicht	

Beurteilung

Das war recht eindeutig. Als Farbe der Pflicht war Bronze gewählt, das glänzende Braun. Also Realitätsbewältigung mit der Aufgabe, das Schöne, das Glänzende hervorzuheben. Ihre Familie wie auch die Geschäftspartner erwarteten dies von ihr. Das Problem war: wie loskommen? Safari zeigt an, wie unbewußt klug Katja die Farben wählte. Sie begab sich innerlich auf eine große Reise und glaubte von der Farbe Blau innere Zuversicht und Abgeklärtheit zu bekommen. Natürlich war ihr Zustand noch grau, verwaschen und unklar. Aber ihre Sehnsuchtsfarbe war Türkis, der Wunsch, etwas Besonderes auszuüben, vielleicht helfend das Leben zu erfüllen. Das Nachdenken über die Farbe Gold hatte seine Wirkung nicht verfehlt.

Erster Zwischentest

Dies führte zur Überlegung, den *Test für die Suche nach der Mitte* doch zu machen, den der Farbpsychologe eigentlich hatte übergehen wollen.
Es ist der Test, da von den möglichen fünf Farben mindestens drei (Schwarz – Weiß – Grau) gewählt werden müssen, um die Extreme zu finden.

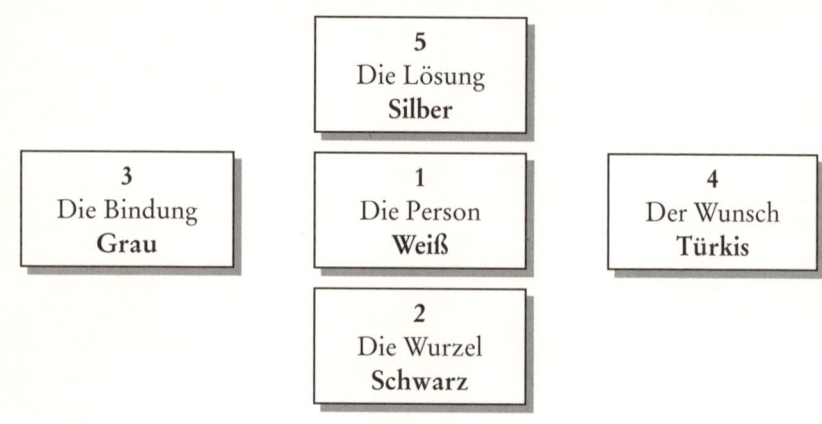

	5 Die Lösung **Silber**	
3 Die Bindung **Grau**	1 Die Person **Weiß**	4 Der Wunsch **Türkis**
	2 Die Wurzel **Schwarz**	

Beurteilung

Auch das erschien sehr logisch. Die Person 1 wurde mit Weiß gemalt. Katja sagte dazu: „Mein Blatt ist zur Zeit unbeschrieben."

Die Wurzel war Schwarz. Ironisch, über sich selbst lachend, meinte sie: „Ich weiß nicht, ob die Finsternis in mir regiert oder ob schon etwas Verfaultes in mir ist."

Kästchen 3 in Grau für die Bindung bedeutet, daß dafür eine große Toleranz in ihr lebt.

Aber der Wunsch (Kästchen 4) zeigt, daß sie ihrem Ziel, dem Türkis vom vorangegangenen Test, weiterhin folgen möchte.

Wichtig war Kästchen 5, die Lösung. Wenn man die Senkrechte betrachtet – aus Schwarz und Weiß wird ein Grau, das glänzen will –, dann scheint dies folgerichtig zu sein: Aus dem Gold, das als Lebensziel genannt worden war, ist nun in der beratenden Überlegung ein bescheideneres Silber geworden. Es wäre auch kaum möglich, daß aus Schwarz und Weiß Gold wird, aber Silber kann es durchaus sein. So zeigt dieser Test der Suche nach der Mitte, daß Katja bereit war, das Beste aus allem zu machen, und daß – durch Farben ausgelöst – viel in ihrem Inneren vorgeht.

Zweiter Zwischentest

Jetzt kam *der Kelch* an die Reihe. Dieser Test ist immer sehr aufschlußreich. Er zeigt eher die bittere Seite des Lebens. Hier werden die Kästchen von oben nach unten ausgemalt. So sah der Kelch von Katja aus:

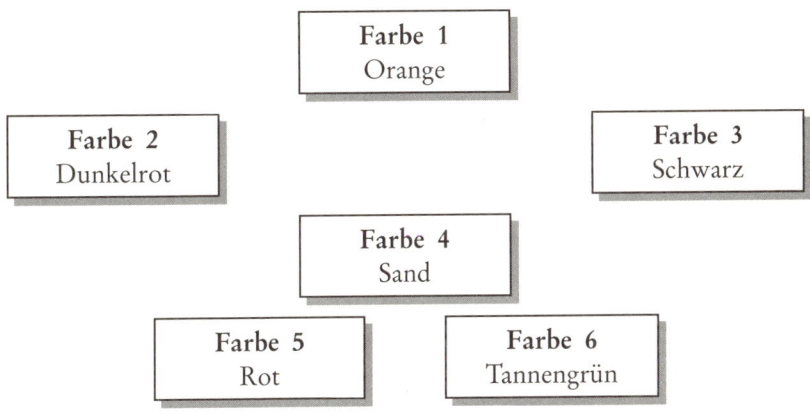

Beurteilung

Was war dazu zu sagen? Nun, der Schluck, den das Leben anbot, war voller Kraft, Freude und Schönheit. Orange, das Leuchtende! Das Positive am Schluck (2) war das Dunkelrot, die etwas abgeklärte Leidenschaft, die geblieben ist und bleibt. Das nicht so Gute am Schluck (3) wurde mit Schwarz gesehen. Die Angst vor dem schwarzen Loch, die Angst, daß nichts zurückbleibt, daß alles verschluckt wird und in eine Grube versinkt (letzteres waren die Worte von Katja). Kästchen 4 symbolisiert den Rest, der vom Schluck bleibt. Katja wählte dafür die Farbe Sand – es bleibt also nicht viel zurück. Sand zerrinnt unter den Händen, Sand ist unfruchtbar. Aber da ist ja noch die Kraft, das Bittere zu überwinden, was durch die Farbe in Kästchen 5 ausgedrückt wird. Hier hatte Katja Rot gewählt. Das war ein gutes Zeichen, denn Rot symbolisiert die Energie, die Leidenschaft, mit der alles bewältigt werden kann. Farbe 6 zeigt die Verpflichtungen: Das Tannengrün symbolisiert, daß die Hoffnung von Dauer ist, die Kraft für die Pflichten zu haben. Die Farben 5 und 6 zeigen viele Reserven!

Der Fragebogen

Bevor die Farbdarstellungen zum Auswerten angegangen wurden, füllte Katja den *Fragebogen* aus.

Fragebogen			
Haare:	Mittelbraun	**Wunsch:**	Hellblond
Kleidung:	Hellblau	**Wunsch:**	Hellblau
Feiertags-kleidung:	Dunkel	**Wunsch:**	Rosa
Wohnung:	Weiß/Grau	**Wunsch:**	Lindgrün
Auto:	Weiß	**Wunsch:**	Rot
Blumen:	Bunt	**Wunsch:**	Rot
Visitenkarte:	Beige	**Wunsch:**	Violett
Das Du:	Grau	**Träume:**	Bunt
Das Leben:	Grau	**Wunsch:**	Rot

Beurteilung

Es war offensichtlich, daß Katja nach mehr Selbstbestätigung strebt. Die Sehnsucht nach Rot überwiegt in geradezu fataler Weise, was darauf schließen läßt, daß Katja ihre innere Leidenschaft nie richtig ausgelebt hat. Sie hätte gerne ein rotes Auto, aber ihr Mann ist dagegen. Er meint auch, Visitenkarten sollten immer schlicht aussehen. Es ist alte Erziehung, an Festtagen eher dunkel gekleidet zu gehen, und die Wohnung sei aus Vernunftsgründen farblos.

Aber die Schuld war nicht nur auf ihren Mann und die Vernunft zu schieben, denn mit dem Wunsch nach blonden (natürlich nicht gefärbten) Haaren kommt doch eine Unzufriedenheit mit sich selbst zum Ausdruck. Seit ihrer Kindheit hatte Katja geglaubt, daß die „Blonden" bevorzugt seien. Sie hatte sich dann die Haare blond gefärbt und erlebt, daß es auch nicht besser ging. So kehrte sie zu ihrer mittelbraunen Naturhaarfarbe zurück, aber zufrieden war sie nicht. So langsam schälte sich heraus, daß Katja lernen mußte, mit dem, was sie von Natur aus mitbrachte, zu leben. Das hatte sie auch längst erkannt, sie wußte nur noch nicht „wohin, wie, wann … und überhaupt."

Das Farbenkreuz

Es kam zur *ersten Farbdarstellung, dem Farbenkreuz*. Fünf unterschiedlich große Kästchen mußten, beginnend mit dem im Verhältnis sehr großen mittleren Kästchen (Mittelpunktfarbe), ausgemalt werden.

3 Mittag
Gold

2 Morgen
Rot

1 Mittelpunkt
Orange

4 Abend
Schwarz

5 Nacht
Purpur

Beurteilung

Die Mittelpunktfarbe vereint die beiden Signalfarben Rot und Gelb. Ein Symbol dafür, daß Katja ein Mittelpunkt sein will, den das Leben ihr bisher versagt hat, obwohl sie mit Energie und Engagement ins Leben trat (Morgen = Rot). Das Streben zum Gold des Mittags blieb ihr bisher wohl versagt, so erlebt sie den Abend mit Schwarz als Zeichen für einen inneren Pessimismus, der leicht zu einer Depressionen führen könnte.

Nun gibt es im Farbenkreuz noch das Ausmalkästchen mit dem Namen Nacht. Hier wählte Katja die Farbe Purpur. Das kann (muß aber nicht) bei einer gewissen zeitweisen Veranlagung zur Selbstschädigung führen, denn wenn die Nacht mit so einer schönen, einst sehr seltenen Farbe identifiziert wird, dann wird hier eventuell eine Sehnsucht nach Erlösung vom Alltag oder gar vom Leben sichtbar. Katja ergänzte dies auch mit den Worten, daß sie sich schon manchmal nach einem Lebensende gesehnt hätte, aber sie würde dies niemals herbeiführen können. Dazu sei sie viel zu sehr vom karmischen Denken, daß man keine Hand an sich legen solle, erfüllt. Sie lächelte und ergänzte: „Ich will doch nicht mit einer Schuld ein neues Leben beginnen!" Sie glaube an eine Art von Weiterleben.

Die Brücke

Dies war der richtige Moment, die zweite Farbdarstellung in Angriff zu nehmen, die „Die Brücke" heißt. Katja wurde aufgefordert ihre Lieblingsfarbe zu nennen. Wie erwartet kam das Orange.

Als Farbe der Ablehnung wählte Katja das Braun. Das Reale, das Vernünftige, aber auch das Beständige belaste sie, das wäre langweilig. Als Verbindungsfarbe wählte sie Weiß.

Orange Lieblingsfarbe	**Weiß** Verbindungsfarbe	**Braun** Abgelehnte Farbe

Nun, Weiß paßt zu allen Farben. Psychologisch heißt das jedoch: Im symbolischen Sinn kann ein Nichtbelastet-Sein oder ein Neuanfang helfen!

Die Zukunft

Zunächst wollte der Berater die *dritte Farbdarstellung* auslassen, aber nun war ihm doch wichtig zu sehen, wie und ob Katja über den Horizont schauen wollte. Die drei Farben waren:

1 Leben Smaragd	**2 Ergänzung** Violett	**3 Schicksal** Rot

Beurteilung

Sehr hoffnungsvoll! Ihre Leidenschaften und Energien sah Katja als schicksalsträchtig an, aber die Hauptfarbe fürs Leben war doch, etwas Dauerhaftes und Beständiges zu schaffen. Das Streben nach hoffnungsvoller Weisheit lebte in ihr. Sie war auf dem Wege sich von dem „nur" Roten und Leuchtenden zu lösen. Sie spürte, daß sie für diesen Weg vielleicht eine starke Persönlichkeit benötigen würde, die sie führte. Das kann ein Vorbild, eine neue Denkrichtung oder ein Studium sein.

Die Farbpyramide

Am Ende der Sitzung kam *die Farbpyramide* an die Reihe. Katja hatte ihren Gesprächsstil und wohl auch das Denken sehr geändert. Sie war jetzt wirklich die Suchende und bereit, mehr über sich nachzudenken, denn nur etwas Neues zu wollen, das reicht nicht.

Die Farbpyramide begann mit dem Kästchen für den Herzenswunsch, die Farbe das schon oft gewählte Türkis. Mit dieser Farbe hat es ja insofern etwas Besonderes auf sich, weil man sie auch als die Heilfarbe ansieht. Die Frage war nur: Will Katja sich heilen oder andere?

Meist beginnt der Heilungsprozeß damit, daß man erst einmal für andere da ist, sich für andere einsetzt. Das wurde von Katja auch ohne weiteres bejaht.

Für die Seele wählte sie anschließend das Tannengrün, was ausdrückt, daß ihre Seele für ihr weiteres Vorhaben (auch für ihr Leben) tiefes Vertrauen hat und daß die Seele sich öffnen will, damit alle Erfahrungen gut eingesetzt werden können. Auf die Frage nach der Farbe für die Realität blieb Katja recht lange stumm, dann malte sie, ohne aufzublicken, das Kästchen 3 mit Safari aus. Da war eine echte Wandlung erfolgt. Die Realität wurde jetzt sehr viel positiver gesehen. Realität war jetzt bereits der Aufbruch, der Weg weg vom Alltag hin zur Horizonterweiterung! Katja meinte: „Ich habe mich entschlossen, den Aufbruch zu wagen. Er muß einfach meine Realität sein, sonst finde ich nie aus meinem Labyrinth heraus."

Insgesamt war also doch eine veränderte Grundeinstellung eingetreten und eine Ausgangsbasis voller neuer Möglichkeiten entstanden!

Jetzt ging es um den Einsatz, das heißt den Ich-Einsatz und seine Grenzen. Die Farbe, die Katja wählte, war Purpur. Das frühere knallige Rot hatte sich gewandelt, wenn auch ein Führungsanspruch geblieben war. Doch dieser Anspruch war sicher berechtigt, den müssen Menschen haben, die anderen helfen wollen. Nur muß er von der alten, stillen, königlichen Art sein, die keine Vorteile für sich erwartet.

Aber alles kommt an seine Grenzen, wo es im Sande zu verlaufen droht – Kästchen 5. Katja meinte: „Mein Einsatz darf nicht umsonst sein! Meine Energie braucht festen Boden unter den Füßen!"

Nun kam noch die Farbe für das Ziel: Das war Indigo, und so sah dann das gesamte Bild aus:

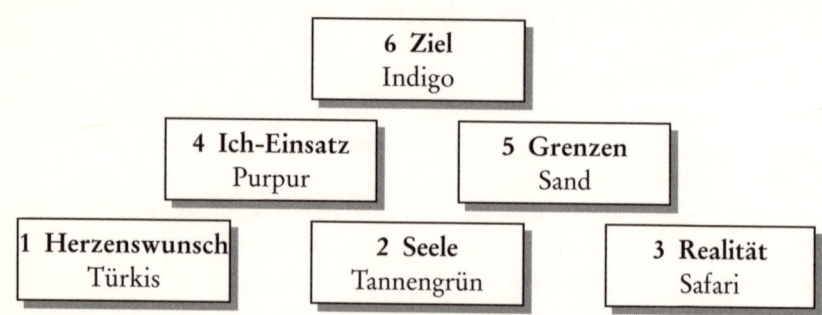

Beurteilung

Mit Indigo hatte Katja wieder eine Farbe gewählt, die eine besondere Ausstrahlung hat und den Himmel – in diesem Fall ihre Religiosität – mit einbezieht. Die knalligen Farben waren verschwunden, wurden nun sogar abgelehnt. Das Ich trat zurück. Das Wissen um den Wert der eigenen Person war weiterhin stark hervorgehoben, aber doch mit einer anderen Zielrichtung als früher. Es ging nicht mehr nur um Katja selbst. Sie wußte zwar noch nicht ganz genau, was sie in Zukunft machen wollte, aber im Moment galt es erst einmal die Grundeinstellung zu finden, um anschließend realistische Pläne für Ausbildung und Wirken zu schaffen.

Damit war die Beratung eigentlich abgeschlossen.

Nachdenkliches war angesprochen worden, und niemand darf vergessen, daß so eine Farbberatung sehr lange Zeit nachwirkt. Es ist ja nicht so, daß die Ratsuchenden nun aus dem Haus gehen und genau wissen, was sie zu tun haben. Statt dessen setzt ein Denkprozeß ein, der bis in die Tiefe des Menschen dringt, so daß auch das Unbewußte beziehungsweise die Seele auf die Überlegungen reagiert und mitarbeitet.

Es empfiehlt sich daher, die Farbberatungen alle bei laufendem Tonbandgerät abzuhalten, damit die Ratsuchenden ihre Kassette mit nach Hause nehmen können. Sie merken dann erst, wieviel sie vielleicht in der Beratung überhört haben.

Der Eignungstest

Katja wollte nun den *Eignungstest* machen, obwohl sie noch keinen neuen Beruf ins Auge gefaßt hatte. Das Formblatt für diesen Test wurde Katja vorgelegt. Zu Beginn ging es um die Senkrechte: Materie, Seele, Geist. Folgende Farben wurden gewählt. Materie = Grün, Seele = Purpur, Geist = Orange.

Nun kam die Waagerechte an die Reihe, wo es um die Balance geht, die besonders wichtig ist, wenn die Senkrechte einen derart euphorischen Eindruck macht. Also wurden die Farben für: Ich, Gemüt, Pflicht ausgesucht. Meist fällt es den Ratsuchenden viel leichter, die Farben für die senkrecht angelegten Kästchen zu finden als für die waagerechten Kästchen. Das Streben ist leichter zu erkennen, als die sich dann daraus ergebende Realität, denn da zeigt es sich meist erst, ob das Streben Erfolg hat und ob die Pläne überhaupt praktisch umzusetzen sind.

Die Farben für die waagerechten Kästchen waren: Ich = Violett, Gemüt = Dunkelrot, Pflicht = Bronze.

Nicht vergessen: Kästchen 7 wird die Farbmischung von Kästchen 5 und Kästchen 2. Das ergab folgendes Gesamtbild:

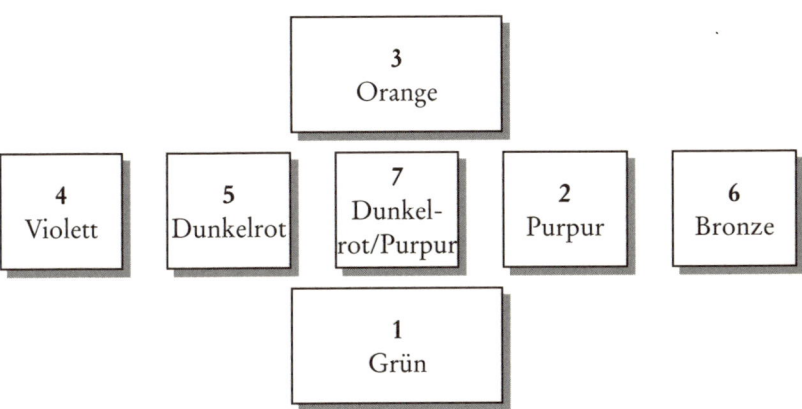

Beurteilung

Die Materie oder Wurzel zeigt mit der Farbe Grün einen starken, frühlingshaften Optimismus an. Dieses Grün (nicht das Tannengrün) war bisher noch nicht so klar aufgetaucht.

Das Strebende der Seele visiert mit der Farbe Purpur hohe Ziele an, die auch den Geist zur Erleuchtung führen.

Orange ist die Verbindung von Rot und Gelb, das ergibt eine starke Signalwirkung, aber auch ein hochgestecktes Ideal, das es zu verwirklichen gilt. Denn das Ich-Kästchen 4 wurde mit der Farbe Violett ausgemalt. Violett ist auch – wie vorne angegeben – eine Farbe der inneren Wandlung. Einer Wandlung zur Reife. Diese Bereitschaft des Ichs ist stets schätzenswert.

Das Kästchen 5 für das Gemüt bekam die Farbe Dunkelrot. Also war Leidenschaftlichkeit vorhanden, aber eine durch viele Erfahrungen gebremste. Das Kästchen 6 war nun die Überraschung. Die Farbe hieß Bronze. Da Bronze immer einen Anklang an die Farbe Braun hat, wird Katja die Realität wohl kaum mehr vergessen. So kam sie auch zu der Erkenntnis, daß sie nicht auf ein Wunder von außen warten dürfe.

Die Farbe 7 war eine Mischung von Dunkelrot und Purpur, was zusammenpaßt und eine ungemein starke seelische Kraft symbolisiert. Katja erzählte nun von einem Traum: Sie wollte in die Ernährungsberatung einsteigen und nach einer Lehrzeit ein eigenes Studio eröffnen.

Die Farbpsychologie entwickelt sich zu einem Ratgeber ganz besonderer Art, weil Charakter und Farbe nicht voneinander zu trennen sind. Gerade bei der Nivellierung der Menschen in unserer Massengesellschaft ist es notwendig, das Individualistische wieder zu betonen, wobei die Kenntnis über die Symbolik der Farbpsychologie ein hervorragender Wegweiser sein kann.